KB219727

제목: 行百里者半九十 (행백리자반구십)
부제: 끝까지 행하는 자가 진짜다.

백 리를 가는 자에게는 구십 리가 반이다.

후회하지 않는 삶을 위한 성공의 법칙

" 현명하게, 천천히.

빨리 달리는 사람은 넘어진다. "

  – 윌리엄 셰익스피어,

     [로미오와 줄리엣] 중에서 –

프롤로그_ 당신은 10년 후 후회하지 않을 자신이 있는가?

"10년 후 당신은 과연 어떤 삶을 살고 있을까?"

당신은 자신 있는가?

10년 후 절대 후회하지 않을 인생을 살았다고 자신할 수 있을까? 어떻게 살아야 우리는 절대로 후회하지 않는 인생을 살아갈 수 있을까? 최소한 10년 후 후회하지 않는 인생이란 어떤 삶일까?

그리고 무엇보다 우리가 왜 10년이란 세월에 주목해야 할까?

그것은 평범한 누군가가, 당신 혹은 우리가 위대한 인물로 도약하는 데 걸리는 시간이 바로 10년이기 때문이다.

' 어떤 특별한 분야에서 세계적인 수준으로 자

신을 자리매김하기를 원하는 사람이라면, 그 분
야에서 지속적이고 정교한 훈련을 최소한 10년
정도 해야만 한다.'

                    - 앤드류 카슨 박사, 10년

법칙 이론 -

   ' 어느 분야의 전문 지식에 정통하려면 최소한
10년 정도는 꾸준히 노력해야 한다. 창조적인 도
약을 하려면 자기 분야에서 통용되는 지식에 통
달해야 한다. 바로 이런 이유에서 10년 정도의
꾸준한 노력이 선행되지 않으면 의미 있는 도약
을 할 수 없다. '

                    - 하워드 가드너 박사,

[열정과 기질] 중에서 -

   ' 어떤 분야에서 최고 수준의 성과와 성취에
도달하려면 최소 10년 정도는 집중적인 사전 준
비를 해야 한다.'   - 앤더스 에릭슨 박
사, 10년 법칙 이론 -

이들의 주장대로 실제로 위대한 인물들은 대부분이 10년 동안의 노력과 훈련을 통해 최고로 거듭났다.

우리는 보통 모차르트가 음악의 신동이라고 생각한다. 하지만 모차르트와 같은 음악 천재도 사실은 처음부터 비범한 작품을 작곡하지는 못했다는 사실이 속속 밝혀지고 있다. 즉 그 역시 10년 동안의 노력과 훈련을 통해서 비범한 인물로 도약을 할 수 있게 되었다는 사실에 우리는 주목해야 한다.

《우리 안의 천재성》이라는 책에서 저자 데이비드 솅크가 모차르트에 대해 언급한 부분을 살펴보면 그도 역시 처음부터 천재는 아니었다는 사실에 무게를 실을 수 있다.

> 매우 어린 나이에 작곡을 시도한 것은 대단하지만 어린 아마데우스(모차르트)가 발표한 초기 작품들은 전혀 비범하지 않았다. 사실상,

그의 초기 작품은 단지 다른 유명 작곡가들의 모사에 불과했다. 11세부터 16세까지 작곡한 초기 일곱 개의 피아노 콘체르토 작품들은 "독창성이 거의 없고, 심지어 모차르트가 썼다고 하기도 민망하다."라고 템플 대학의 로버트 와이즈버그는 말했다. 본질적으로 모차르트는 피아노와 다른 악기로 연주하기 위해 다른 이들의 작품을 편곡한 것에 불과하다.
(데이비드 셴크, 《우리 안의 천재성》, 한국방송출판, p.89)

하워드 가드너는 이러한 사실에 확실하게 못 박았다. '모차르트 역시 10년간 수많은 곡을 쓴 다음에야 훌륭한 음악을 연거푸 내놓을 수 있었다.'라고 말이다. < [열정과 기질] 참조>

세계적으로 유명한 천재 중의 천재인 레오나르

도 다 빈치 역시 우리가 알고 있는 그런 천재가
아니라, 10년 동안의 지독한 공부를 통해 천재로
도약한 인물이라는 사실을 우리는 알아야 한다.
이러한 사실을 《탁월함에 이르는 노트의 비밀》
이란 책에서 다음과 같이 표현하고 있다.

> 그곳에서 철저한 도제 수업을 받
> 으며 성장하기 시작한 다 빈치는
> 지적 각성을 촉발시킬 단체에 스
> 무 살이 되어 가입하게 된다. 이는
> 성 누가(Saint Ruka)회의 회원이
> 된 것인데, 성 누가회는 약제사, 물
> 리학자, 예술가들로 구성되어 있었
> 다. 이곳에서 그는 화가로서의 자
> 리를 잡아가는 데, 약 10년간 다양
> 한 습작과 함께 다방면의 호기심이
> 발동하는 시기였다.
> 그가 밀라노로 가서 본격적인 프
> 로로서의 삶을 펼치기 시작한 것은
> 서른 살이 되었을 때였다. 정식 교
> 육을 받지 못하고 독학으로 공부한

다 빈치는 학벌을 중시하는 메디치 가문에서 멸시를 받고 밀라노의 지배자인 스포르차 가문에서 일하게 된다.
(이재영, 《탁월함에 이르는 노트의 비밀》, 한티미디어, p.159)

이 책에서 주장하는 대로 다 빈치는 처음부터 프로가 아니었고, 거장이 아니었다. 이뿐만 아니라 아무리 탁월한 재능과 기술을 가진 사람이라도 10년 동안의 숙성과 노력은 걸작을 만들기 위해서도 필요한 시간이다.

존 밀턴(John Milton)은 1652년 43세의 나이에 시력을 잃게 되었다. 뛰어난 작가로서 앞날이 창창하던 사람이 실명하게 되었기에 그 고통과 좌절은 더욱 심했을 것이다. 설상가상으로 전 재산이 몰수당하고, 감옥에 투옥되는 시련도 겪게 되었다. 이런 상황에서 밀턴은 매일 4시에 기상해서 한자씩 글을 썼다.

그가 각고의 노력을 기울여, 불후의 명작인 《실낙원》을 출간할 수 있게 된 그 기간이 10년인 것이다.

피카소와 같은 천재 화가들도 처음부터 천재와 같이 그렇게 그림을 잘 그렸던 것은 아니다. 평범한 아이가 천재적인 실력을 갖춘 화가로 도약하기 위해서는 10년이라는 세월의 준비 기간이 필요하다.

"피카소처럼 네 살에 시작하면 10대에 거장이 될 수 있고, 10대 후반에 창조의 노력을 시작한 스트라빈스키와 같은 작곡가와 그레이엄과 같은 무용가는 20대 후반이 되어서야 비로소 창조성의 본궤도에 올라선다. 10년간의 수습 기간을 거쳐야 중대한 혁신을 이룰 수 있다."

(하워드 가드너, 《열정과 기질》, 북스넛, p.638)

프로이트가 <꿈의 해석>이란 걸작을 탄생시킬 수 있는 비범한 학자로 도약하는 데 걸린 시간도 또한 10년이었고, 20세기의 천재 과학자인 아인슈타인이 특수상대성 이론을 발표한 후, 일반상대성 이론을 발표하기 위해 준비한 기간이 정확히 10년이었다.

대문호 도스토옙스키는 1849년 4월 23일 새벽 네 시, 잠을 자던 중에 연행되었다. 기껏해야 유배 정도라 생각했지만, 사형이 선고됐다. 하지만 사형집행 전에 사형을 면하고, 시베리아에서 4년 동안의 유배 생활을 했다.

사형집행 순간에 '다시 살 수 있다면 절대로 1초라도 헛되이 살지 않겠다.' 라고 맹세했던 사형장에서의 다짐대로 그는 유배 생활을 마친 후부터 집필에 매진했고, 절대 시간을 낭비하지 않았다.

그가 거장의 반열에 오르게 한 작품들인 《죄와 벌》(1866), 《백치》(1868), 《악령》

(1871~1872) 등이 쏟아져 나왔던 시기는 그가 유배 생활을 마치고 나서 본격적으로 집필 활동을 하기 시작하고 나서 정확히 10년 후부터였다.

 당신은 10년 후 어떤 사람이 되어 있기를 간절히 바라는가?

이 세상의 그 어떤 천재들도 무엇인가를 이루기 위해, 자신을 최고의 명품으로 만들기 위해 10년이란 세월을 갈고 닦았다. 그리고 이제 그들처럼 당신이 무엇인가를 이루기 위해, 자신을 최고의 명품으로 만들기 위해 도전해야 할 때가 되었다.

 이제 당신 차례이다. 이 책을 나침반 삼아 10년 후 지금의 당신과 비교 불가한 당신 자신이 되어 있기를 가슴 깊이 기원한다.

'인생은 단 한 번뿐이다. '

도스토옙스키가 그랬던 것처럼, 일분일초라
도 헛되이 살지 않을 것을 다짐하며 이 말을
매일 마음속에 되새기며 10년 후 만나게 될
눈부신 자신을 상상하며 한 걸음씩 도전해 나
아가기를 바란다.

세상에서 가장 소중한 가치는 자기 자신을 뛰
어넘을 기회를 자신에게 주는 삶이다. 그리고
그러한 기회를 주는 삶이란 한 마디로 도전하
는 삶이다. 당신의 눈부신 도전을 위해 이 책
은 훌륭한 지침서가 되어 주기를 주저하지 않
을 것이다.

' 10년 후 후회하지 않을 내 인생을 위해 도
전하라 '

목차

제1장. 바라보는 것만으로는 바다를 건널 수 없다.

  – 바라보는 것만으로는 바다를 건널 수 없다.

  – 실패하는 방법부터 제대로 배워라.

  – 부족한 것은 능력이 아니라 우직함이다.

  – 기분이 나빠지면 나약해진다. 그러므로 즐겨라.

  – 최고를 고집하고 요구해야 최고를 얻는다.

  – 생각만 하는 사람의 문제는 바로 그 생각이다.

제2장. 긍정을 넘어 열정으로 무장하라.

  – 부정위에 긍정이 있고, 그 위에는 열정이 있다.

  – 용기를 가져라. 용기가 모든 것을 말한다.

  – 위대함은 비교될 수 없다.

  – 성공하는 사람은 모두 열정을 가지고 있다.

  – 뜨거워야 세상이 움직이고 자기편이 된다.

  – 평생 월급에만 만족하는 삶에서 벗어나라.

제3장. 목표가 없으면 이루어질 것도 없다.

  – 당신이 후회하는 삶을 사는 것은 목표가 없었기

때문이다.

- 목표 설정이 빨라야 성공도 빨라지는 법이다.
- 가슴이 설레지 않는 목표는 목표가 아니다.
- 목표가 없으면 이루어질 것도 없다.
- 명품 인생을 만드는 것은 명품 목표다.
- 당신은 당신의 목표만큼 도약하게 된다.

제4장. 울창한 숲도 처음에는 한 알의 씨앗에서 시작한다.

- 하루에 성공해야 인생에서 성공할 수 있다.
- 성공은 하루아침에 이루어지지 않는다.
- 백 리를 가는 자에게는 구십 리가 반이다.
- 단순함이 당신을 최고의 자리에 서게 해 준다.
- 꾸준함을 이길 그 어떤 것도 존재하지 않는다.
- 눈부신 미래를 만드는 것은 사소한 일상이다.

제5장. 성공에는 분명한 이유와 법칙이 있다.

- 성공에는 분명한 이유가 있다.
- 오늘의 생각이 내일의 성공을 창조한다.

– 강점을 아는 것이 성공의 첫걸음이다.

– 탁월함을 만드는 것은 재능이 아니라 습관이다.

– 크고 강한 자가 아니라 빠른 자가 이긴다.

– 기회를 준 만큼, 도전한 만큼 성공한다.

에필로그 _ 일분일초도 절대로 헛되이 살지 않으리라.

제1장. 바라보는 것만으로는 바다를 건널 수 없다.

‘ 지구 구석구석은 기다리는 사람들로 가득하
다.

자신이 마냥 기다리고 있다는 사실을 대부분
은 모르며, 그 기다림이 헛수고라는
사실을 모르는 사람들은 훨씬 더 많다.
간혹 이들이 미명에서 깨어나는 예도 있지
만, 사람들을 실제로 행동에 나서도록
해 주는 사건은 너무 뒤늦게 찾아온다.
가만히 앉아서 기다리기만 하다가 왕성하던
젊음과 기운이 다 사라져 버린 뒤에 말이다.
그래서 많은 이들이 '뛰어올라야 하는' 그
순간 팔다리는 감각을 잃고 영혼은 너무
둔해져다는 사실을 깨닫는다.
스스로에 대한 믿음을 잃어 영영 쓸모없는
존재가 돼 버린 그들은 혼자 중얼거린다.

"너무 늦어 버렸어." ‘

_ 프리드리히 니체(Friedrich Nietzsche) _

– 바라보는 것만으로는 바다를 건널 수 없다.

　　'물을 바라보는 것만으로는 바다를 건널 수
없다.'

인도 최대의 문학자인 라빈드라나드 타고르
(Rabindranath Tagore)의 이 말은 10년 후 후
회하지 않을 내 인생을 살아가기 위해 가장 필요
한 삶의 자세에 대해 깨달음을 주는 말이다.

우리는 지금까지 혹은 일부분을 물을 바라보고
만 있었는지도 모른다. 그리고 그 결과 우리는 지
금 이렇게 살아가고 있는 것인지도 모른다. 우리
에게 필요한 것은, 최소한 10년 후에는 다른 삶
을, 후회하지 않는 삶을 살아갈 수 있으려면 물을
바라보고만 있는 그런 삶에서 벗어나야 한다는
사실에 대한 자각일 것이다.

대문호 괴테가 '생각하는 것은 쉬운 일이다. 행
동하는 것은 어려운 일이다. 생각하는 대로 행동
하는 것은 더욱 어려운 일이다.'라고 말했지만,

무엇인가를 바라보고, 그것을 향해 나아간다는 것은 그것들보다 더욱 어려운 것이라고 할 수 있다.

이 세상에는 생각도 하지 않고, 자신이 살아가야 할 목표를 가지고 있지도 않고, 물도 바라보지 않는 사람들이 훨씬 더 많다. 바로 그것이 이 세상이기 때문에, 이 세상에는 실패자로 살아가며 하루하루 조용한 절망을 하며 살아가는 사람들이 훨씬 더 많은 것이다.

하지만 성공하기 위해서는, 최소한 10년 후에 후회하지 않는 삶을 살아가기 위해서는 생각만 하거나 물만 바라보아서는 안 된다. 실천과 행동이 뒷받침되어야 한다. 내가 바뀌지 않는 한 이 세상은 절대로, 우리의 미래는 또한 절대로 바뀌지 않기 때문이다.

성공한 친구와 실패한 친구를 가르는 것은 생각과 행동의 비율이 50대 50이다. 어떤 이는 생각을 하지 않아서, 생각이 잘못되어서, 생각이 부정적이어서, 생각이 너무 소극적이어서 성공하지 못한다. 그리고 나머지 절반의 실패자들은 행동하지 않고, 미루고, 주저하고, 포기하고, 실천하지 않고, 그 어떤 시도도 하지 않기 때문에 성공하지 못한다.

이 두 가지 모두 후회를 하게 한다는 점에서 같은 요소라고 할 수 있다. 하지만 더 큰 후회를 갖게 하는 것은 행동하지 않는 것이다. 처음부터 생각도 하지 않았다면, 그것에 대한 미련도, 집착도 가지고 있을 수 없을 뿐만 아니라, 설사 가지고 있다 해도 그것은 뜬구름과 같은 막연한 부러움이기에 그 강도가 훨씬 약할 수밖에 없다.

후회하지 않는 인생을 살기 위해 가장 필요한 삶의 자세는 실천하고 도전하고 시도하는 삶의 자세라고 할 수 있다. 인생을 살면서 돈을 많이 벌고, 부자가 되고, 성공하고, 명성을 얻고, 입신출세하는 것은 중요하지 않다.

인생을 살면서 중요한 것은 무엇이 되었느냐가

아니라, 어떻게 살았느냐일 것이다. 우리가 후회하는 근본적인 원인은 전자가 아니라 후자이다.

인생을 남들과 다를 바 없이 살았음에도 그 어떤 것도 시도조차 하지 않는 삶은 세상에서 가장 큰 후회를 하게 만들 것이다. 최소한 시도하고, 도전하고, 실천하는 삶은 후회나 미련이 남지 않는다. 우리는 그런 인생을 살아야 한다. 그것이 제대로 사는 것이다.

'연습하면 할수록 더 많은 행운을 얻게 될 것입니다.'

전설적인 골프 선수 게리 플레이어의 이 말처럼 우리는 우리가 어떤 분야에서 어떤 일을 하더라도 그것을 바라보고만 있기보다는 도전하고 시도해야 할 필요가 있다. 연습하면 할수록 시도하면 할수록 도전하면 할수록 그저 바라만 보고 있는 사람들보다 훨씬 더 많은 행운을 얻게 되기 때문이다.

그저 바라만 보는 사람과 무엇이든 시도하고 도전하는 사람 사이에는 말할 수 없는 큰 격차가 생긴다. 무엇인가 하는 사람은 결국 아무것도 하지 않는 사람보다 더 많은 행운을 얻게 되기 때문이다.

그렇다면 행운이 과연 중요한 것일까? 성공과 실패에 행운이란 요소가 얼마나 큰 작용을 하는 것일까?

이러한 질문에 아주 놀라운 대답을 해 주는 책이 있다. <블랙 스완>으로 우리에게 잘 알려진 나심 니콜라스 탈렙이 지은 책인 [행운에 속지 마라(원제: Fooled by Randomness)]라는 책이다.

이 책은 <Fortune> 선정 역사상 가장 지혜로운 책이다. 이 책의 저자가 주장하는 핵심 주장은 '이 세상의 모든 일은 대부분 운에 좌우된다'라는 것이다. 그러므로 쉽게 기대하지 말고, 예측도 하지 말라는 것이다.

워런 버핏과 같은 성공한 투자자들은 그저 운이 억세게 좋은 바보에 불과하다는 것이다. 투자자들이 수백만 명이나 되기에 그중에 한두 명은 지속해서 성과를 내는 워런 버핏과 같은 사람이 한두 명 당연히 나와야 한다는 것이다.

타자기를 마구 두드리는 원숭이가 고작 다섯 마리라면, <일리아드>를 치는 원숭이가 생겨나지 않겠지만, 만일 원숭이 숫자가 10억의 10억 거듭제곱이라면 생겨날 수도 있다는 것이다. 즉 원숭이 숫자에 달린 것이라고 한다.

성공과 실패도 역시 운에 좌우된다고 그는 말한다. 성공한 사람 중에 전부는 아니더라도 대부분 사람이 운이 좋았을 뿐이라고 말한다. 그렇다면 우리는 왜 성공한 사람들을 바라볼 때 그렇게 성공할 만한 능력과 자질과 카리스마와 지도력과 결단력과 유머를 가지고 있고, 성공하고 부자가 될 가치가 충분히 있는, 부와 성공에 걸맞은 사람이라고 느끼는 것일까?

이 책의 저자는 이렇게 이 질문에 관해 설명한다.

" 운 좋은 바보들은 자신이 운 좋은 바보일지 모른다고 의심하는 법이 없다. 그래서 이들은 운 좋은 바보인 것이다. 이들은 자신이 부자가 될 자격이 있는 것처럼 행세한다. 잇단 성공 덕에 세로토닌이 다량으로 분비되면서, 자신에게는 돈 버는 능력이 있다고 스스로를 속이는 지경에 이른다.

사람들의 자세를 보면 이런 태도를 알 수 있다. 돈을 번 트레이더는 곧추선 자세로 당당하게 걷는다. 그리고 돈을 잃은 트레이더보다 말이 많다. 과학자들의 연구에 따르면, 신경전달물질인 세로토닌은 인간 행동에서 많은 부분을 지배한다. (...) 개인의 실적이 향상되면 세로토닌이 증가하고, 이 때문에 이른바 '리더십' 능력이 향상된다.

그는 '승승장구'한다. 침착하고 자신감 넘치

는 말투 등 태도에 미묘한 변화가 일어나면서 사람들에게 더욱 신뢰감을 주게 된다. 마치 부자가 되어야 마땅한 사람처럼 보인다. 그의 실적 요인에 운 따위는 들어설 자리가 없는 것이다. 그러나 마침내 운이 다시 고개를 쳐들면서 그는 한순간에 파산하고 만다."   < 51~52쪽, 나심 니콜라스 탈렙, [행운에 속지마라] 중에서 >

수많은 성공학 도서들이 성공한 사람들의 공통점을 조사하고 분석하여, 성공의 비결이라고 제시하는 방법 중에 우리는 이제 조금 더 현명하게 취사선택을 할 수 있어야 한다. 특히 편협하고 편중된 관념 속에 있게 되면, 유연한 사고를 할 수 없다.

그런 점에서 우리에게 필요한 것은 이 세상이 돌아가는 원리와 이치에 대해 냉철하게 바라볼 수 있는 균형 잡힌 시각이다.

세상사의 많은 것들이 운에 좌우된다고 해도, 절대로 모든 것이 운에 좌우되지는 않는다. 비록 많은 것들이 운에 좌우된다는 것은 사실이다. 이러한 사실에 대해 말하고 있는 이야기가 바로 운칠기삼이라는 이야기이다.

청나라 포송령(蒲松齡)이 자신의 서재 이름을 사용하여 제목을 붙인 기이한 이야기인 [요재지이(聊齋志異)]에 보면, 과거에 번번이 낙방하여 인생의 패배자가 된 한 선비가 나온다. 이 선비는 자신보다 훨씬 못한 자들이 급제하는 데, 자신은 왜 낙방을 해야 하는 가에 대해 옥황상제에게 가서 따졌다.

그러자 옥황상제는 정의의 신과 운명의 신을 불러서 술 시합을 시키면서, 정의의 신이 더 많이 마신다면 선비의 주장이 정당하다고 인정해 줄 것이라고 했다.

술 시합을 한 결과, 정의의 신은 석 잔밖에 마시지 못했고, 반면에 운명의 신은 일곱 잔을 마셨다. 결국, 이 시합의 결과대로 세상은 정의대로만 움직이는 것이 아니라, 불합리한 운명의 장난 때문에 움직이게 된다고 옥황상제는 선비에게 말한다.

그래서 운칠기삼이라는 말이 생겨난 것이다. 이렇게 운칠기삼(運七技三)이라는 말이 있듯, 노력보다는 운이 더 많은 것을 좌우한다고 할 수 있다. 즉 후회 없는 삶을 살기 위해서는 30%의 노력만으로도 충분하다고 할 수 있다.

30%의 노력은 결국 나머지 70%의 운을 좌지우지하는 것이기 때문이다. 그러한 운조차 노력하고 연습하고 웃으면서 긍정적으로 즐겁게 살아가는 사람에게 더 많이 생긴다. 이러한 사실을 발견한 사람이 영국의 심리학 교수인 리처드 와이즈먼 박사이다.

그는 행운은 진짜 타고나야 할까? 라는 질문에 대해 8년간의 다양하고 비범하고 심지어 괴짜와 같은 실험들을 통해 행운은 타고 나야 하는 것이 아니라, 우리의 노력으로 충분히 늘릴 수 있다는 것이라는 사실을 증명해 보였다.

그는 면접을 보는 사람들을 대상으로 하여, 행운이 따라 주어 좋은 면접 결과를 얻는 사람들과 좋은 외모와 좋은 학벌을 가졌음에도 행운이 따라 주지 못 해 나쁜 면접 결과를 얻은 사람들의 차이를 조사했다.

그리고 그는 이성에게 늘 차이기만 하는 불운한 사람들과 항상 이성에게 구애를 받는 운 좋은 사람들의 차이를 조사했다. 그리고 그는 그것을 바탕으로 이성에게 늘 차이기만 하던 사람들에게 이성의 열렬한 구애를 받는 운 좋은 사람들로 변화시킬 수 있었다.

와이즈먼 박사는 행운은 또한 단순한 우연만의 결과도 아니며, 타고나는 것도 아니라고 말한다. 어떤 자세를 가지고 어떤 행동을 하느냐에 따라 우리는 행운을 불러들일 수 있다는 것이다.

그가 발견해낸 그 결과를 토대로 해서 우리는 다음과 같은 결론을 내릴 수 있다.

" 행운은 타고나는 것도 우연만의 결과도 아니다. 그것은 스스로 만드는 것이다."

행운이 있는 사람들의 특징은 항상 더 좋은 기회를 만들기 위해 노력하고, 그 기회를 포착하고, 행동에 옮긴다는 것이다. 그렇게 하기 위해서는 느긋한 태도로 인생을 대하면서도 항상 노력과 행동을 절대 미루지 않아야 한다는 것이었다.

그러므로 10년 후 후회하지 않는 인생을 살기 위해서는 바라보기만 하는 삶에서 무엇인가를 시도하고 노력하고 실천하는 삶을 살아야 한다. 그저 운이 오기만을 바라보고 있는 사람은 그 운이 왔을 때도 그 운을 이용할 줄 몰라서 놓치게 된다는 사실을 록펠러의 말을 통해서 우리는 알 수 있다.

록펠러에게 많은 사람이 어떻게 해서 그렇게 큰 부와 성공을 획득할 수 있게 되었는지 물어보면 그는 항상 다음과 같이 대답한다.

" 부자가 되기 위해서는 세 가지가 필요합니다. 첫째는 행운이죠. 두 번째도 행운입니다. 마지막으로, 역시 행운이 필요합니다. 그렇지만 그 행운을 이용할 줄 모른다면 아무 소용이 없지요."

전혀 능력 없는 사업가들이 엄청난 거부가 되는 경우가 있고, 반대로 정말 능력 있는 사업가들이 엄청난 거부가 되는 예도 있다. 그리고 이도 저도 아닌 어정쩡한 사람이 엄청난 성공을 거두는 예도 있다.

이 모든 경우에 운도 반드시 작용했을 것이라고 우리는 짐작 할 수 있다. 하지만 어떤 경우에든 누군가는 남들이 하지 않는 노력으로 운 좋은 사람이 되었을 것이고, 또 다른 사람은 남들한테 없는 실력이나 능력을 통해서 그렇게 되었을 것이다.

하지만 남들한테 없는 실력이나 능력 또한 노력이나 연습을 통해 만들어 나갈 수 있다는 사실을 우리는 알아야 한다. 많은 사람이 노력이나 연습

을 통해 자신에게 없는 실력과 능력, 심지어 운을
만들었다.

 당신에게 남들을 능가하는 실력과 능력이 없다
면 당신은 운 좋은 사람이 되기 위해 오늘부터 노
력하는 사람이 되어야 한다. 실력과 능력도 있으
면서, 노력까지 하는 사람은 운이 더 좋은 사람이
될 수 있다. 실력과 능력이 없어도, 노력만으로도
운이 좋은 사람이 될 수 있다.

 하지만 분명한 한 가지 사실은 '물을 바라보고
만 있는 사람은 절대로 운이 좋은 사람이 될 수
없다' 라는 것이다.

 요약하자면, 10년 후 후회하지 않는 인생을 살
기 위해 당신에게는 운이 필요하다. 그리고 당신
이 실력과 능력이 있는 사람이라면 운 좋은 사람
이 되기 위해 남들보다 더 큰 노력과 연습을 해야
한다. 그리고 당신이 실력과 능력이 없는 사람이
라면 운도 좋고, 실력과 능력도 있는 사람이 되기
위해 남들보다 더 큰 노력과 연습을 해야 한다.

당신이 지금 어떤 사람이든 후회하지 않는 인생을 살기 위해서는 더 많이 연습하는 것만이 필요하다는 것이다.

세계적인 첼리스트인 파블로 카잘스는 세계적인 명성을 오래전에 얻었다. 그리고 그는 인제 그만 연습을 하지 않아도 될 만한 나이가 되었다. 그가 95세이기 때문이다. 그 나이에도 그는 하루에 6시간씩 꾸준히 연습한다.

하루는 역사상 가장 위대한 첼리스트로 손꼽히는 그에게 95세의 나이에도 여전히 하루에 6시간씩 연습을 하는 이유에 대해 기자가 물었다. 그의 대답은 엉뚱했다.

" 연습을 통해 지금도 내가 조금씩 발전하고 있다고 생각하기 때문이지."

그가 말한 '연습을 통해 지금도 내가 조금씩 발전하고 있다는 생각'은 스스로 운이 더 좋아지고 있다는 좋은 생각을 하게 되는 것과 다를 바

없는 것이다. 그 결과 그는 매일 6시간씩 운을 만들고 있었다.

연습을 통해 운을 향상시키는 법을 그는 알고 있었다. 그래서 그는 이 세상을 살았던 그 누구보다 더 건강하고 활기차고 풍요로운 노년을 보낼 수 있었다.

운 좋은 사람이 되는 방법은 연습하는 것이다. 운 좋은 사람이 되는 방법은 전진하는 것이다. 그것도 날마다!

'신은 어떤 사람에게도
결코, 자신이 삶을 받아들일 것인지
받아들이지 않을 것인지를 묻지 않는다.

그것은 결코 인간의 능력으로
선택할 수 있는 문제가 아니기 때문이다.

사람은 당연히 살아야만 한다.

당신이 선택할 수 있는 유일한 것,

그것은 '어떻게' 살아가야 하는가이다. '

헨리 워드 비치의 이 시처럼 우리가 선택할 수 있는 유일한 것은 '어떻게' 살아가야 하는가이다. 그리고 바로 그것이 우리가 10년 후에 후회할 인생을 맞이할 것인지, 아닌지를 결정하는 유일한 것이다.

그렇다면 당신은 어떻게 살아갈 것인가?

우리는 르네상스 시대에 이탈리아를 대표하는 천재적 예술가이자 사상가였던 한 인물의 말을 통해 어떻게 살아갈 것인지를 배울 수 있을 것 같다.

" 성공한 사람들은 느긋하게 앉아서 어떤 일이 생기기만을 기다리고 있지는 않았다. 적극적으로 나서서 일을 벌였다."

이 말을 한 사람은 물을 그저 바라만 보고 있거나 어떤 일이 생기기만을 기다리면서 살지 않았다. 이 말을 한 사람은 시체를 냉동시킬 방법도, 방부제도 없던 그 시절에 썩어가는 냄새를 참으며 시체 한 구당 최소 일주일 동안의 시간을 함께 보내면서 해부하고 또 해부하면 나이를 가리지 않고 남자와 여자의 시체를 30구 넘게 해부하면서까지 적극적으로 나서서 일을 벌였던 사람이다.

이러한 삶의 자세 때문에 <모나리자>의 신비로운 미소가 탄생하게 되었다. 그저 바라만 보고, 소극적으로 살지 않았던 이 인물이 바로 르네상스를 대표하는 거장 레오나르도 다 빈치(Leonardo da Vinci)이다.

'보기에도 끔찍할 정도로 온몸이 잘리고 피부가 벗겨져서 썩은 냄새가 진동하는 그런 시체들과 밤마다 함께 지내는 것을 마다하지 않을 정도로 자기 일을 하는 데 있어서 적극적인가?

세기의 천재 다 빈치는 그렇게 살았다. 그가 그렇게 살았기 때문에 그는 천재가 될 수 있었다. 당신도 이와 다르지 않다. 당신이 어떻게 살아가느냐가 당신이 천재로 도약할 것인지, 위대한 성공을 할 것인지를 결정지을 것이다.

명심하고 또 명심하자.

'바라보는 것만으로는 바다는커녕 작은 개울도 건너지 못한다는 것을'

당신이 지금까지 살면서 작은 개울도 건너지 못한 것은, 눈부신 작은 성공도 이루지 못한 것은 당신에게 능력이나 학식이 부족해서가 아니다. 그 이유는 단 한 가지, 바라보고만 있었기 때문이다.

인생을 살다 보면 정말로 기가 막힌 절호의 기회가 마법처럼 오는 경우가 있다. 하지만 그때 물을 바라보고만 있었던 사람은 그 기회를 이용하여 인생을 말 그대로 마법처럼 바꿀 수 없다.

그때 인생을 마법처럼 바꿀 수 있는 사람은 다 빈치와 같이 적극적으로 나서서 일을 벌인 사람들이다.

학창시절 때 공부를 잘 한 학생보다 훨씬 공부를 못 했던 사람들이 더 크게 성공하게 되는 이유가 바로 여기에 있다. 세상의 성공은 당신이 얼마나 다양한 지식과 능력을 갖추고 있는 사람인지에 대해서는 관심이 없다. 세상은 당신은 어떻게 삶을 살아가고 있는지에 대해서만 관심이 있을 뿐이다.

'모든 시작은 우리를 보호하고 성장하도록 도와주는 마법이다.' 라고 말한 헤르만 헤세처럼 우리는 '알에서 나오려고 투쟁해야 하고, 하나의 세계를 깨뜨려야 한다.' 그러므로 바라만 보는 삶의 방식에서 벗어나 새로운 세계로 나가는 새로운 삶을 시작해야 한다.

우리는 오랫동안 새장에 갇혀 지냈던 새와 같

다. 매일 손쉽게 얻어먹을 수 있도록 아무 대가도 없이 주어지는 모이와 물, 안락한 장소, 안전한 보호막, 익숙한 환경은 많은 새가 문을 열어 놓아도 그 새장을 떠나지 않는 이유와 마찬가지이다.

우리도 역시 오랫동안 새장에서 지낸 새와 같이 새로운 것을 시도하고 도전하고, 시작하는 것을 두려워할지도 모른다. 모든 시작에는 위험이 따른다. 하지만 아무것도 시작하지 않는 자들, 바라보기만 하는 자들에게는 아무것도 일어나지 않는다.

아무것도 일어나지 않는 삶을 살아간다는 것은 아무런 흥분도, 떨림도, 가슴 설렘도, 환희도, 열광도, 재미도, 즐거움도 없는 무미건조한 삶을 살아간다는 것과 같다. 그런 삶은 삶이 아니다. 그런 삶은 가짜다.

배를 만든 것은 항구에 평생 정박해 있기 위해 배를 만든 것이 아닌 것처럼 우리에게 인생이 주어진 것은 눈부시고 가슴 떨리는 벅찬 삶을 살아보라고 주어진 것이지, 평생 아무것도 시도하지 않고 그저 생명만 보존하라고 주어진 것은 절대 아니다.

고대 그리스의 철학자들의 한결같은 주장처럼, 인생은 그저 살아서는 안 된다. 잘 살아야 한다. 잘 산다는 것은 바로 무엇인가를 시도하고, 도전하고, 자신을 넘어서는 그런 삶을 산다는 것을 의미한다.

그렇게 살기 위해서 우리에게 필요한 것은 바다를 바라보기만 하는 것이 아니라 바다를 건널 수 있는 대담성이다.

사람이 위대해지는 경우는 두 가지가 있다. 첫째는 자신의 앞에 놓인 곤경과 장애물을 뛰어넘을 때이다. 여기에는 의심의 여지가 없다. 둘째는 평범한 이들이 상상도 하지 못 하는 거대한 꿈과 목표를 향해 도전할 때이다. 이것을 하는 데 필요한 것이 대담성이다.

위대한 위인들에게 다른 평범한 이들에게서 발견해 낼 수 없는 담대함이 그들에게만 있는 것이 바로 이런 이유에서이다. 동시에 평범한 이들이 차고 넘치는 이유도 바로 이것이다. 니체의 말대로, '지구 구석구석은 기다리는 사람들'로 가득하다.

가장 큰 문제는 자신이 기다리고 있다는 사실을 대부분 자각하지 못하고 있다는 것이다. 또한, 그 기다림은 자신의 인생에 후회만 남길 뿐이라는 사실이다. 이러한 부류의 사람들에서 벗어나기 위해 가장 필요한 한 가지 요소는 대담성이다.

우리에게는 대담함이 필요하다. 10년 후에 후회하지 않을 내 인생을 맞이하고 싶다면 대담해져야 한다. 두려움을 이겨내야 한다. 바다를 건너야 한다. 자신을 뛰어넘어야 한다. 돌파해야 한다.

이 모든 것은 결국 행동에서 비롯된다. 행동에 나서는 자가 후회하지 않는 삶을 살 것이다. 그

행동이 담대할수록, 용감할수록, 실패를 두려워
하지 않게 되고, 성공보다 더 많은 것을 배우며
더 큰 성장을 하게 될 것이다.

미국 최대 경제잡지인 [포브스]지의 창립자인
말콤 포브스(Malcolm Forbes)의 말을 명심하
자.

" 성공하고 싶다면 지금 바로 행동하라."

― 실패하는 방법부터 제대로 배워라.

" 인간은 동물과 초인 사이에 놓인 하나의 밧
줄, 심연 위에 매어진 하나의 밧줄이다.

인간의 위대성은, 인간이 하나의 다리일 뿐 목
적이 아니라는데 있다.

인간이 사랑스러울 수 있는 것은,

인간이 하나의 과정(科程)이며 몰락(沒落)이
라는 데 있다."

니체는 자신의 대표작인 [차라투스트라는 이렇
게 말했다]라는 책의 초반부에서 십 년 동안 고
향 마을과 호수를 등지고 산속에서 고독을 음미
하고 정신을 수양하며 지내다가 문득 자신이 깨
달은 것들을 사람들에게 베풀고 나누고 싶은 열
망에 사로잡히게 되어 산에서 하산하는 초인 차
라투스트라에 관해 이야기를 풀어놓는다.

산에서 내려와 가장 처음 도착한 시장의 군중들
에게 차라투스트라가 하는 말 중의 하나가 바로
이 말이다. 니체는 우리 인간이 하나의 완성체가

아니기에 실패하는 것에 대해 두려워하거나 부끄러워하거나 낙망하지 말라고 궁극적으로 말한다.

니체에게 있어 인간은 '하나의 시도'이며, 그것이 인간의 위대한 점이라는 것이다. 그가 철학적으로 주장한 이러한 주장은 현실 세계에서도 그대로 적용이 된다. 니체는 인간은 동물과 초인 사이에 놓인 밧줄이라고 생각했다. 그리고 그는 인간은 하나의 다리일 뿐 목적이 아니라고 생각했다.

그의 생각대로 인간은 도전하고, 시도하고, 그렇게 하다가 몰락하고 실패하고, 또다시 도전하고 시도하는 과정을 겪는 것이 바로 인간의 본질인 것이다. 처음부터 너무 완벽해서 시도하면 바로 실패나 몰락도 없이 원하는 수준까지 도약하고 뛰어넘는 존재는 인간이 아니라는 것이다.

그런 점에서 우리는 실패하는 방법을 잘 배워야 한다. 시도와 도전을 잘 하지만, 몰락과 실패에 익숙하지 않고, 그것에 쉽게 좌절하고, 힘겨워하

고, 극복하지 못 하는 사람은 절대로 지속적인 성
장과 발전을 할 수 없기 때문이다.

아무것도 하지 않고, 시도도 하지 못 하는 사람
보다는 실패하더라고 시도하고 도전하는 사람이
훨씬 더 낫다. 그리고 실패하고 몰락하더라고 또
다시 도전하고 시도할 수 있는 사람이 훨씬 더 낫
다. 그래서 우리는 실패하는 방법, 실패에 익숙해
지고, 실패를 극복하고, 실패를 통해 많은 교훈과
새로운 전략을 배울 수 있는 사람이 되어야 한다.

인간은 다리이고, 과정이고, 몰락이기에 끊임
없이 시도하며 노력하지만, 실패와 몰락도 이어
서 따라오는 그런 존재이다. 그래서 노력하면 할
수록 더 많이 방황하게 되는 존재이다. 이러한
사실에 대해 괴테도 자신의 저서인 <파우스트
Faust>의 마지막 부분에서 이런 말을 했다.

" 그가 지상에서 살고 있는 동안에는
네가 무슨 일을 하든 금하지 않겠노라
인간은 노력하는 한 방황하는 법이니라. "

이 마지막 구절처럼, 인간은 노력하고, 노력하는 한 방황을 필연적으로 하게 되는 존재이다. 그러므로 방황에, 실패에, 몰락에 잘 대처할 수 있는 사람이 더 성공적인 삶을 살아갈 수 있게 되는 것이다.

방황은 노력의 다른 이름이며, 실패는 성공의 다른 이름이며, 몰락은 도약의 다른 이름임을 우리는 명심해야 한다. 노력하지 않는다면 방황도 하지 않을 것이다. 처음부터 자포자기한 이들은 체념할 뿐 방황하지는 않기 때문이다. 처음부터 시도조차 하지 않는 이들은 성공도 실패도 하지 않는다. 그런 점에서 성공과 실패는 거의 같은 것이다. 몰락이란 것도 현재의 위치에서 벗어나 달라진다는 점에서 도약과 같은 성질의 것이다.

바로 이러한 이유에서 실패를 많이 하지 않는 사람은 인생을 제대로 살았던 사람이라고 할 수 없다. 실패를 많이 하지 않은 사람은 많은 시도도, 많은 방황도, 큰 노력도 하지 않은 사람이라는 결론이 도출되기 때문이다. 이러한 결론이 잘

못된 예도 있다. 즉 실패를 많이 하지 않은 또 다른 유형의 사람은 자신이 충분히 할 수 있는 것들만을 선택적으로 도전하고 성공한 비겁한 사람들일 가능성이 큰 사람들이다.

물론 자신이 충분히 할 수 있는 것들만을 선택적으로 도전하고 그로 인해 실패가 아닌 성공을 많이 한 사람들은 위대한 인간이라고 할 수 없다. 오히려 니체식으로 표현하면, 자신의 능력을 뛰어넘는 담대한 목표에 도전하고, 그로 인해 당당하게 멋진 실패를 하고, 몰락하는 사람들이 위대한 인간이라고 할 수 있다.

더 중요한 사실은 자신의 능력 범위 안에서의 도전만을 즐기는 사람들은 자신을 뛰어넘을 기회를 스스로 박탈하는 사람들이라는 점이다. 자신의 능력을 벗어나는 것일지라도 도전과 실패를 통해 '자신을 뛰어넘을 수 있는 능력이나 방법'을 배울 기회를 얻어내는 사람들이 더 큰 성공에 한 걸음 더 다가서는 사람들이다.

니체는 '인간은 자신을 뛰어넘어야 할 그 무엇'이라고 정의한 바 있다. 그렇다면 우리는 더더욱 실패하는 방법을 배워야 한다. 실패를 통해 우리는 우리를 뛰어넘을 수 있는 능력을 기를 기회를 얻게 되기 때문이다. 그리고 실패를 통해 '중요한 무언가'를 배울 수 있으려면 실패를 극복하고, 실패를 활용하고, 심지어 실패를 즐길 수 있는 능력이 필요하다.

실패하는 방법을 배운다는 것은 실패를 잘 극복하고, 활용하고, 심지어 실패를 즐길 수 있을 뿐만 아니라 실패를 통해 '자신을 뛰어넘을 수 있는 그 무언가'를 배울 방법을 배운다는 것을 말한다.

10년 후 후회하지 않는 내 인생을 위해서 도전과 모험을 하는 것보다 더 중요한 것은 실패하는 방법을 배워서 제대로 된 실패를 하고, 멋진 실패를 하는 것이다.

21세기 최고의 경영 석학이라고 평가받고 있

는 톰 피터스는 [미래를 경영하라]와 [톰 피터스 에센셜, 리더십]이라는 책에서 다음과 같은 멋진 말들을 쏟아내었다.

' 빨리 실패하는 자가 빨리 성공한다.'

' 멋진 실패에 상을 주고 평범한 성공에 벌을 주라.'

당신은 어떤가? 우리는 어떤가? 지금까지 우리가 후회하는 삶을 살아가고 있는 이유는 '너무 평범한 성공에만 집착했기 때문' 이다. 너무 실패를 두려워하고, 실패하는 방법을 배우지 못했기 때문이다.

중국 속담에도 '보석이 마찰 없이 다듬어질 수 없듯이 사람도 시련 없이는 위대해질 수 없다.'라는 말이 있지 않은가? 실패와 시련과 같은 것은 우리를 위대하게 만드는 보석과 같은 것들이다. 그리고 그것이 눈부실수록 더 큰 가치가 있듯, 눈부신 실패는 최고의 가치가 있는 것이다.

우리 주위를 보라. 평범한 성공을 밥 먹듯이 많이 한 기업들과 사람들을 보라, 그저 그런 삶을 살고, 그저 그런 대우에 만족하며, 그저 그런 기업이 되고, 그저 그런 사람들로 살아가고 있는 것이다. 하지만 용감하게 눈부시고 멋진 실패를 한 사람들과 기업들을 보라. 지금 그들은 너무나 멋진 인생을 살아가고 있다. 그들의 눈부신 인생을 만든 것은 그들의 눈부신 실패였다는 사실을 우리는 인식해야 할 것이다.

인간은 실패에 대해 어떻게 대처하고 반응하고 그것을 활용하고 받아들이느냐에 따라 미래의 성공과 실패가 결정되는 그런 존재이다. 실패를 두려워하고 실패에 움츠러들고, 실패를 회피하려고만 하는 사람들은 비겁한 사람들이며, 자신에게 주어질 멋진 기회조차도 원천 봉쇄해 버리는 그런 사람들이다.

1925년 노벨 문학상을 받은 아일랜드 출신의 극작가이자 평론가인 조지 버나드 쇼(George Bernard Shaw)는 무엇보다도 '자신의 작품에 깃든 이상주의와 인도주의 정신과 사람들을 감동하게 하는 풍자가 독특한 형태로 곳곳에 숨어있기 때문에' 스웨덴 한림원으로부터 이 상을 받게 되었다.

하지만 우리는 그가 노벨 문학상을 받았기 때문에서가 아니라 더 94년이라는 긴 세월 동안을 후회하지 않을 만큼 왕성한 활동을 하며 살아간 그의 삶의 모습 때문에 더 그를 존경하고 기리게 된다.

후회 없는 삶이라는 것은 실패가 없는 삶이 절대 아니다. 그도 역시 수많은 실패를 했다. 20대 때 그가 쓴 소설들을 출판사로부터 거절당하기 일쑤였고, 잡지에 게재된 원고는 실패를 거듭했다. 그의 20대는 실패와 좌절로 점철된 시기였다. 하지만 그는 후회하지 않는 인생을 살아갈 수 있었다. 그리고 그 비결은 한 마디로 실패하는 방법을 그는 알고 있었기 때문이다.

그는 실패하는 방법을 알고 있었기 때문에 다양

한 방면으로 다양한 시도와 도전을 거듭했고, 그 결과 그는 70세라는 나이에 노벨 문학상을 받는 데 결정적 역할을 한 대작 [성녀 조앤(Saint Joan)]을 발표할 수 있었던 것이었다.

그는 실패에 대해 남들과 다른 생각을 그 당시에 가지고 있었고, 그러한 생각은 그가 실패하는 방법을 남들보다 더 일찍 배울 수 있도록 해 주었다.

" 하나의 고상한 실패가 수많은 저속한 성공보다 훨씬 낫다."

그는 소설가로 작가의 삶을 시작했지만 거의 실패를 하자, 그는 희곡으로 방향을 전환하게 되고, 그 결과 풍자와 해학이 넘치는 다수의 희곡으로 영국 근대극을 확립하고 부흥시켰다는 평가를 받을 정도로 성공하게 되었다.

수많은 성공보다 하나의 실패가 더 나을 수 있다는 그의 말은 매우 충격적이다. 하지만 우리가 명심해야 할 필요가 있는 의미심장한 말일 수도 있을 것이다. 실패하는 방법을 배운 사람은 수많은 성공보다 더 나은 하나의 실패를 하는 사람이라고 할 수 있다.

미국의 의류판매 회사인 리미티드 브랜즈 Limited Brands 사의 창업자인 레스 웩스너 Lex Wexner는 실패하는 것에 대해 오히려 더 보상해 준다고 말한다.

" 패션업계에서 홈런을 치기는 쉬운 일이 아니다. 그래서 삼진 아웃이 더 의미 있다. 시간이 지날수록 안타보다, 심지어 홈런보다도 더 좋은 결과를 안겨줄 수 있다. 공을 치려는 다양한 시도를 통해서 시장을 이해할 수 있기 때문이다. 고객도 마찬가지이다. 불평을 늘어놓은 고객이야말로 의미가 있다. 홈런을 만들어주는 고객은 끊임없이 불만을 제기하는 사람(삼진 아웃을 각오한 사람)이다. 따라서 나는 회사 성장을 위해서 삼진 아웃을 각오하는 사람들을 홈런을 친 것과 똑같이 보상하려고 한다." <　82쪽, 톰 피터스 [리틀 빅

 이렇게 실패에 대해 상을 주려는 경영자들이 해외에만 있는 것이 아니다. 우리나라에도 있다. 그 사람이 바로 삼성을 30년 만에 300배 성장시키면서 이류 기업이었던 삼성을 초일류 기업으로 성장시킨 이건희 회장이다.

 이건희 회장은 실패하는 사람들에게 오히려 보상해 주라고 지시했던 적이 있을 정도로 실패를 두려워해서 움츠러들고, 수비 경영만 하는 것을 매우 경계했다. '돌다리든 아니든 무조건 건너가고, 무조건 도전하고, 무조건 시도하라는 것이 그의 주문이었다.

 '돌다리든 뗏목이든 나무다리든 뭐든지 건너라, 그래서 실패하면 상을 줘라'

 그가 자신의 에세이인 [생각 좀 하며 세상을 보자]라는 책을 통해 '실패는 많이 할수록 좋다.'라는 파격적인 말을 했다는 것을 알 수 있다.

" 실패는 많이 할수록 좋다. 아무 일도 하지 않아 실패하지 않는 사람보다 무언가 해보려다 실패한 사람이 훨씬 유능하다. 이들이 기업과 나라에 자산이 된다." < 같은 책, 21쪽 >

이건희 회장은 누구보다 실패에 대해서 적극적이고 수용적인 태도와 마인드를 가지고 있었다. 그러한 리더의 성향은 고스란히 조직 전체로 확산하기 마련이었다.

"나는 평소 임직원들에게 실패를 두려워하지 말고 일을 저질러 보라고 적극적으로 권하고 있다. 기업 경영에서 실패 경험만큼 귀중한 자산이 없다고 생각하기 때문이다." -< 이건희, [생각 좀 하며 세상을 보자], 동아일보사. 1997, 21쪽 >

그리고 그는 실패는 삼성인에게 주어진 특권이라고 까지 말했다.

"삼성의 미래는 신사업 · 신제품 · 신기술에 달

려 있다. 실패는 삼성인에게 주어진 특권이며 도전하고 또 도전해야 한다." (2012년 신년사)

한 마디로 삼성이 초일류 기업으로 도약할 수 있었던 가장 큰 원인은 실패를 삼성인에게 주어진 특권이라고 생각할 만큼, 실패를 두려워하지 않고, 오히려 실패한 사람이 더 유능하고, 더 큰 자산이라는 실패에 대한 놀라운 자각과 인식을 통해 실패하는 방법을 잘 배울 수 있었기 때문이라고 할 수 있다.

실패하는 방법을 배운 사람과 기업들은 실패를 통해 더 큰 성장을 해낼 수 있는 사람과 기업이다. 그리고 그것은 실패가 모든 성공의 초석이 되어주고, 성공으로 나아가기 위해서는 필요한 전단계가 되어 준다는 사실에 대해 깨닫게 해 준다.

우리가 10년 후 후회하지 않는 내 인생을 살기 위해서는 무엇보다 실패하는 방법을 배워야 한다. 배우기 위해서는 많이 해야 하고, 친해져야 하고, 즐겨야 하고, 뼛속까지 느껴봐야 한다.

인생의 밑바닥을 경험한 사람들이 오히려 더 큰 도약과 성공을 하는 이유가 바로 이것이다. 또한, 인생의 밑바닥을 경험하여, 더는 잃어버릴 것이 없게 되었을 때 인간은 가장 용감해질 수 있다. 그래서 실패에 대한 두려움뿐만 아니라 모든 것에 대한 두려움이 없어지게 된다.

역사상 가장 대담하고 냉혹한 성공의 기술에 대하여 저술한 로버트 그린의 [50번째 법칙]이란 책에 보면 두려움이 우리의 태도를 좌우하기 때문에 두려움을 모르는 대담한 유형의 사람들이 위대한 인생, 후회하지 않는 인생을 살아갈 수 있다는 것이다.

이런 점에서 우리가 생각해 봐야 하는 것은 남들이 다 하는 평범한 실패는 우리에게 두려움을 모르는 담대한 마음을 심어주지 못한다는 사실이다. 남들이 쉽게 할 수 없는 멋진 실패는 우리에게 더는 두려워하는 대상이 존재하지 않게 해 준다.

그렇게 될 때 우리는 스스로 배수진을 치는 것보다 더 큰 에너지와 동력을 얻을 수 있게 된다.

스키를 타더라도 스키를 잘 타고 다치지 않으면서 스키를 즐기기 위해서는 넘어지는 법을 확실하게 배워야 한다. 인생도 이와 다르지 않다. 실패할 때, 넘어질 때, 시련이 닥쳐왔을 때, 역풍이 불 때, 밑바닥 인생을 살아가게 되었을 때 어떻게 살아야 할 것인지를 잘 배우고 알고 있는 사람들이 인생을 잘 살아갈 수 있다.

비행기도 이와 다르지 않다. 아무리 좋은 비행기라도 이륙만 잘 하면 그것은 어디에도 쓸모없는 비행기일 것이다. 착륙을 잘 해야 한다. 특히 위기 시에 수많은 승객의 생명을 구하는 것은 이륙 기술이 아니라 착륙 기술인 것이다.

등산도 이와 다르지 않다. 아무리 힘이 좋아서 잘 올라간다 해도, 그래서 정상에 서는 데 남들보다 두 배나 빠르다고 해도, 잘 내려오지 못하고, 내려오는 데 실패한 사람은 성공적인 등산을 할 수가 없다. 오히려 올라가는 것보다 내려오는 것이 훨씬 더 중요하다고 할 수 있다.

우리가 내려오는 법, 실패하는 법, 착륙하는 법, 넘어지는 법을 제대로 먼저 배워야 하는 이유도 이것이다. 인생은 반드시 성공이 있다면 실패도 있기 때문이다.

<주역>에 보면, '물극필반物極必反'이라는 말이 있다. 이 세상에 그 어떤 사물도 극에 달하면 반드시 반전을 일으킨다. 상승이 있으면 하강이 있고, 낮이 있으면 밤이 있고, 성공이 있으면 실패가 있는 법이다. 올라갈 때가 있으면 내려올 때도 반드시 있는 것이다.

이처럼 인생에도 잘 나갈 때가 있으면 반드시 못 나갈 때가 있는 것이다. 그런데 10년 후 맞이하는 인생을 후회하지 않고 맞이하기 위해서는 잘 나갈 때보다 못 나갈 때 두 세배 더 조심해야 한다.

잘 나갈 때는 오히려 큰 차이가 나지 않는다. 잘 못 나갈 때 그때를 시점으로 10년 후의 삶의 모습에 큰 차이가 발생하게 되는 것이 바로 인생이다. 실패하는 방법을 제대로 배워야 하는 이유가 바로 여기에도 있는 것이다.

사람들이 가장 두려워하는 것 중의 하나가 가난해지고, 실패하는 것이라고 할 수 있다. 하지만 우리는 실패를 통해, 가난을 통해 거대한 부자가 되고, 엄청난 성공을 할 수 있는 토대를 얻게 되는 경우가 있음을 알아야 한다.

이런 사실에 대해 세계적인 경영 대가 중의 한 명인 세스 고딘(Seth Godin)은 이렇게 설명한다.

" 성공하는 사람들이 성공하는 이유는 아주 단순하다. 그들은 실패를 다르게 생각한다.

성공한 사람들은 실패를 통해 배운다. 하지만 보통 사람들이 배우는 교훈과 그들이 배우는 교

훈은 조금 다르다. 처음부터 시도하지 말 걸 그랬
다고 후회하지 않는다. 자신은 똑똑한데 세상이
엉터리라고 한탄하지 않는다. 자신을 패배자라고
생각하지 않는다. 그들은 자신이 사용한 전략이
왜 작동하지 않았는지, 전략을 사용할 대상으로
삼은 사람들이 왜 반응하지 않았는지 배운다.

지는 데 능숙한 사람들은 머지않아 이기는 사
람들이 될 것이다. 지는 것을 무서워하면 저항에
힘을 실어줄 수 있으며, 자신은 승리할 가치가 없
다는 죄책감에 젖게 만들 수 있으며, 어두운 영혼
의 구석으로 숨어들게 만들지도 모른다. 그러지
말자."

< 출처: 세스 고딘, [린치핀
(Linchpin), p.171~1172 >

바로 이것이 실패가 성공보다 백 배 나은 이유
이며, 실패하는 데 능숙해 져야 하는 이유이다.

우리가 실패하는 법을 배워야 하는 이유 중에
재미있는 한 가지 이유는 미국 최대 경제잡지인

[포브스]지의 창립자인 말콤 포브스(Malcolm Forbes)의 말에서 찾을 수 있다.

" 승리는 패배의 맛을 알 때 제일 달다."

성공을 더욱더 달콤하게 해 주는 것은 아이러니하게도 실패이다. 우리가 실패가 없는 세상에 산다면 굳이 성공하려고 노력도 하지 않을 것이다. 성공을 성공답게 해 주는 것이 바로 실패이기 때문이고, 성공을 달콤하게 해 주고, 눈 부시게 해 주고, 빛나게 해 주는 것은 또한 실패이기 때문이다.

10년 이상 무명 배우 생활을 하며 생활고로 힘든 삶을 살았던 배우들의 성공담이 더 멋지고, 더 감동적이고, 더 눈부신 이유가 바로 여기에 있는 것이다.

– 부족한 것은 능력이 아니라 우직함이다.

' 현명하게, 천천히. 빨리 달리는 사람은 넘어
진다.'

윌리엄 셰익스피어의 [로미오와 줄리엣]에 나오
는 이 말처럼 10년 후 후회하지 않는 내 인생을
살기 위해서는 빨리 달리지 않으면서, 현명하게
천천히 그리고 꾸준히 한발 한발 전진해 나가는
것이 필요하다.

능력과 학식이 있는 자들이라고 대부분 다 성공
을 하고, 자신이 원하는 목표를 달성하고, 행복한
인생을 살아가는 것이 아님을 우리는 잘 알고 있
다. 그렇다면 그 이유는 무엇일까? 왜 능력과 학
식이 있는 그런 수많은 사람이 충분히 성공하고
도 남을 능력을 갖추고 있음에도 성공하지 못 하
는 것일까?

너무나 많은 이유가 있을 수 있지만, 대표적이고
본질적인 이유는 우직함이 부족하기 때문이다.

영어의 격언 중에 우리가 학창시절에 반드시 외우고 공부했던 것 중에 'slow and steady wins the race' 라는 격언이 있다. '천천히 그리고 꾸준하게 하는 사람이 경주에서 승리자가 된다.' 는 말이다.

우리는 이러한 멋진 격언을 배우고 암기까지 했으면서도 황소처럼 우직하게 살아가지 못하고 있다. 우리는 황소가 아니라 여우처럼, 때로는 카멜레온처럼 타인의 시선과 세상의 변화에 연연하면서 우리 자신을 채찍질하면서 내달리게 만든다.

문제는 그렇게 약삭빠르게, 민첩하게 남들처럼, 남들과 경쟁하며 살아갈 때 절대로 거장이 되거나 최고가 되거나 고수가 될 수 없다는 사실이다. 한 분야에서 일가를 이룬 최고를 보면 절대로 남과 자신을 비교하지 않는다. 그들은 절대로 약삭빠르게, 민첩하게 자신의 분야를 바꾸거나 남들을 흉내 내지 않는다.

그들은 한결같다. 그들은 느리고, 우직하고, 고

집스럽고, 외길인생이고, 바보스럽다. 하지만 바로 이러므로 그들이 최고가 될 수 있었고, 고수가 될 수 있었고, 거장이 될 수 있었다.

중국 최고의 시인으로 추앙되며, 시선(詩仙)으로 불리는 이백(李白)은 청년 때 공부를 하다가 너무 지루하고 힘이 들어서 포기하기 위해 스승에게 말도 하지 않고 산에서 도망치듯 내려온 적이 있었다. 이때 거의 마을까지 다 내려와서 어떤 할머니를 만나게 되었다.

그 할머니는 도끼를 바위에 대고 열심히 갈고 있었다. 하지만 할머니라서 그런지 몰라도 그 행동이 매우 느렸다. 하지만 정확히 할머니가 무엇을 하는 것인지, 왜 저렇게 하고 있는지를 알 수 없었다.

궁금증이 생긴 이백은 그 노파에게 물었다.

" 할머니 도대체 무엇을 하시려고 도끼를 바위에 갈고 있으신가요?"

" 도끼를 갈아 바늘을 만들고 있다네."

이백은 어이가 없었다. 세상에 도끼를 갈아서 바늘을 만드는 사람이 어디 있느냐고 생각했기 때문이다. 또 그것이 가능한 일인가 말이다. 그래서 이백은 어이없는 표정을 지으며 코웃음을 쳤다.

이 모습을 보고 계셨던 할머니는 정색하시면서 단호하게 말했다.

" 포기하지 않으면 안 될 일이 세상에 어디 있어!"

할머니의 힘 있는 이 말에 이백은 자신의 어리석음을 깨닫고, 내려오던 산길을 따라 다시 올라가 학문에 정진했고, 그 결과 학문을 완성할 수 있었다.

이 일화에서 유래한 고사성어가 바로 '마부위침 磨斧爲針'이다. 도끼와 같이 전혀 불가능할 것 같은 일도 우직하게 밀고 나가면 가능하게 되는 것이 이 세상사이다. 반대로 충분히 할 수 있고, 시간도 충분하지만 우직하게 하지 않으면 결국에는 해내지 못하는 경우가 비일비재하다.

능력도 있고, 시간도 있고, 여건도 다 갖추어져 있지만 그래서 누가 봐도 저 사람은 저것을 해낼 수 있다고 생각하는 그런 일도 해내는 것에 실패하고 쓴잔을 마시는 사람들이 적지 않다. 그들이 실패한 단 한 가지 이유는 '자만'이다.

우직한 사람에게는 자만심이 생기지 않는다. 우직한 사람은 자신에게 주어진 일을 묵묵히 한 걸음씩 차근차근해나가는 사람이기 때문이다. 우직한 사람은 시간이 많이 주어졌다고 나태해지거나 게을러지지 않는다. 우직한 사람은 언제나 최선을 다할 뿐이다.

파킨슨의 법칙 Parkinson's law이란 것이 있는 데, 이와 관련된 재미있는 실험은 우리가 왜 우직함을 갖추어야 하는지에 대해 간접적으로 깨닫게 해 준다.

 영국의 경제학자이자 경영연구가인 파킨슨(Parkinson)이 공무원 사회에 대한 비판을 위해 제창한 법칙인 이 법칙은 한 마디로 '공무원들은 일이 많아서 사람이 필요한 것이 아니라, 사람이 많아서 일이 필요한 것'에 대한 법칙이다.
 다시 말해, 이 법칙은 '직원 수와 업무량은 아무 관련이 없다'라는 것이다. 공무원의 수는 일의 양과 관계없이 일정한 비율로 증가하며, 업무는 할당된 시간만큼 증가하는 경향이 있다는 것이다.
 이 법칙에서 우리가 교훈으로 삼아야 하는 핵심은 직원 수와 업무량의 관계가 아니라, 업무와 시간의 관계이다.

 어떤 한 실험에서 실제로 교수가 이러한 사실을 증명해 보였다.

 한 대학교수는 비슷한 능력의 학생들을 두 그룹

으로 나누었다. 두 그룹의 학생들 모두에게 같은 주제의 리포트를 써내도록 했다. 그렇게 하면서 첫 번째 그룹의 학생들에게는 일주일 내에, 나머지 두 번째 그룹의 학생들에게는 한 달 후에 리포트를 써내도록 했다.

첫 번째 그룹보다 두 번째 그룹의 학생들은 4배 정도의 충분한 시간을 확보한 셈이다. 그렇다면 과연 어떤 그룹의 학생들 리포터의 수준이 더 높을까? 우리는 보통 상식적으로 시간이 더 많으면 더 좋은 결과물이 나올 것으로 생각할 수 있다.

하지만 이것은 우리의 사고의 맹점을 과감하게 드러내는 생각이었다. 결과는 우리의 상식과 전혀 딴판이었다. 시간이 상대적으로 부족한 그룹과 시간이 충분한 그룹에서 리포터를 제출하지 못한 학생의 비율은 거의 비슷했다.

또한, 신기하게도 리포트의 완성도나 수준에서도 일주일이라는 짧은 기간에 쓴 리포트와 한 달 동안 쓴 리포트가 서로 별 차이가 없었다.

결론은 이것이다. 시간이 많아도 우직하게 하지 않는 사람의 경우에는 시간이 많은 것이 별로 큰 혜택을 주지 못 한다는 것이다. 대부분 사람이 이런 유형에 속하기 때문에 시간이 아무리 많아도 걸작을 만들어내지 못하는 것이다.

이 법칙을 통해 인간은 천성적으로 게으름을 피우며, 시간과 에너지를 낭비하고, 편안함과 익숙함을 즐기며 안주하는 경향이 강하다는 것을 알 수 있다.

이러한 사실은 영국 역사학자 토인비가 쓴 걸작인 [역사의 연구]를 통해 증명된 바 있다. 인류의 역사는 '도전과 응전'의 역사라는 것이다. 안전하고 편안하고 풍요로운 환경에서 인류의 문명이 발달한 것이 아니라 오히려 척박하고 가혹한 환경과 그런 지역에서 발전했다.

그가 쓴 위대한 명저인 [역사의 연구]를 보면 이러한 사실을 알려 주는 대목을 너무나 쉽게 찾을 수 있다.

"인간이 처음으로 혼탁한 황하 하류 유역에 손을 댔을 때, 황하는 계절 여하를 불문하고 항행할 수 없었다. 겨울철엔 얼어붙거나, 또는 떠 있는 얼음덩어리로 물길이 막혔으며, 봄마다 이 얼음이 녹아서 바꾸는 바람에 옛 수로는 정글로 뒤덮인 늪지로 변했다. 3천~4천 년에 걸친 인간의 노력에 의해 늪지가 관개되고, 강물이 제방 안에 갇힌 오늘날에도 홍수의 피해는 여전히 없어지지 않았다. 바로 1852년에도 황하 하류의 수로가 완전히 바뀌어 그 하구는 산동반도의 남쪽에서 북쪽으로 100킬로미터나 이동했다. 이에 반해 양쯔 강은 항상 항행이 가능하였으며 홍수 때문에 간혹 큰 해를 일으키는 일이 있었으나, 황하의 홍수만큼 빈번하지는 않았다. 또한 양쯔 강 유역은 겨울철 추위가 그다지 심하지 않았다. 그럼에도 불구하고 중국 문명이 발생한 곳은 황하 유역이지 양쯔 강 유역은 아니었다." < 출처: A.J. 토인비, [역사의 연구], P. 123~124 >

이러한 역사적 사실이 우리에게 가르쳐 주는 것은 인간은 쉽게 나태해지고, 게을러질 수 있는 존재들이라는 것이다. 끊임없이 위협을 받는 상황에서 인간은 자신의 능력을 뛰어넘어 위대한 일을 해내는 존재이다.

이러한 현상은 인간에게만 적용되는 것이 아닐 것이다. 미꾸라지가 사는 논에 메기를 한 마리 넣어 놓으면 메기들이 살아남기 위해 쉼 없이 움직이게 되어, 더욱더 싱싱한 미꾸라지들이 되는 것도 결국 이와 맥락을 같이 한다.

하수가 되는 이유는 능력이나 재능이 없어서라기보다는 포기하지 않고 전진해 나가는 우직함이 부족하기 때문이라고 할 수 있다. 나태해지고 게을러지는 것을 극복해 낼 수 있는 사람만이 우직한 사람이 될 수 있다. 그리고 그런 우직한 사람이 무엇을 하든, 어떤 분야를 하든 최고가 될 수 있다.

우직함을 가지고 있는 사람은 시간을 초월할 줄 아는 사람들이다. 시간에 끌려다니지 않는 사람들이 바로 우직한 사람들이다. 그들은 조급해하거나 서둘지 않으면서도, 나태해지거나 느슨해지지 않기 때문이다. 그들은 최고가 되고도 남을 자격이 이미 충분한 자들이다.

당신에게도 이러한 우직함이 있을 때, 10년 후 후회하지 않는 내 인생을 맞이할 수 있게 될 것이다. 우직함은 그 어떤 재능이나 학식보다도 후회 없는 삶을 살기 위해 더욱더 필요한 조건이다.

우직함은 10년 후 후회하지 않는 인생을 살기 위해서도 필요한 조건이지만 동시에 오리진이 되기 위한 조건이기도 하다. [오리진이 되라]의 저자인 강신장 사장은 이 책을 통해 이 세상에는 두 종류의 사람이 있다고 말한다.

" 나는 세상에는 두 종류의 사람이 있다고 생각한다. 바로 '오리진'과 그 나머지 사람.

스스로 처음인자, 게임의 룰을 만드는 자, 새

판을 짜는 자, 원조(기원)가 되는 자, 그리하여 세상을 지배하고 자신의 운명을 스스로 창조하는 자, 그가 바로 오리진이다. '나머지'는 오리진들이 이미 만들어놓은 게임의 규칙 안에서 서로 피터지게 싸우는 이들이다.

하지만 이제 게임의 규칙이 완전히 바뀌었다.

오리진인 사람(기업)과 그렇지 않은 사람은 단순히 경제적인 면에서만 보아도 수천 배 이상의 차이가 난다. 이미 그렇게 되어가고 있다. " < 강신장, [오리진이 되라] 12 ~13쪽 >

스스로 처음이며, 새 판을 짜고, 게임의 룰을 새롭게 만들고, 원조가 되어 세상을 지배하고 자신의 운명을 스스로 창조하는 오리진의 대표적인 인물이 애플이 스티브 잡스이다. 그는 아이폰 하나로 인류의 문명에 지대한 영향을 끼쳤다.
뿐만 아니라 그는 기존의 스마트폰 업계의 룰을 다시 만들었고, 새로운 판을 짰고, 스마트 폰의 새로운 원조가 되었다.

그가 2005년 스탠퍼드 대학의 졸업식 연설에서 했던 이 말은 그의 우직함을 단적으로 나타내 주는 말일 것이다.

" stay hungry stay foolish "

스티브 잡스는 누가 뭐래도 배고프고(hungry), 바보 같은(foolish) 사람이었다. 누가 뭐래도 외골수이고 우직한 사람이었기 때문이다. 그는 절대로 멈추거나 만족하거나 안주하지 않았다. 늘 갈망하며 나아갔던 사람이다. 바보처럼 다른 것에 눈 돌리지 않고, 한 가지밖에 몰랐던 사람이었다. 그리고 바로 그러한 것들 때문에 그는 오리진이 될 수 있었다.

새로운 것을 창조하고, 스스로 처음이 되기 위해서는 한 가지에 몰입해야 하고, 그 한 가지를 제외한 나머지 이 세상 모든 것을 잊을 수 있어야 한다. 세상의 모든 것을 버릴 수 있어야 자신이 붙잡은 단 한 가지에 몰입할 수 있게 된다.

그런 점에서 우직함이 필요하다. 한 가지만을 붙잡고, 외길로 우직하게 나아가는 자만이 새로운 경지에 도달할 수 있게 된다. 그리고 그 경지에서 만나는 새로운 자신과 새로운 부산물이 바로 오리진이 되는 것이다.

그래서 우직함은 오리진이 되기 위한 필수 조건이기도 한 것이다. 오리진이 되고자 한다면, 그래서 새로운 원조가 되고자 한다면, 무엇보다 우직함을 가지고 있어야 한다.

미국 뉴욕과 시카고, 샌프란시스코에 지점을 둔 투자회사 크리스토퍼 가드너 인터내셔널 홀딩스의 CEO인 크리스 가드너(Chris Gardner)는 놀랍게도 1년 이상을 세 살배기 아들과 함께 길거리에서 잠을 자고, 숙식을 해결해야 했던 노숙자로 살면서 인생의 패배자 시절을 살았던 적이 있다.

인생의 밑바닥에서 인생의 최정상인 대기업의

CEO로 그가 도약할 수 있었던 것은 바고 그의 '우직함' 때문이었다고 할 수 있다. 만약에 그가 한 발 한 발 내디디는 발걸음을 멈추고 포기했더라면 지금의 그는 존재하지 않았을 것이며, 영원히 인생의 패배자로 살아야 했을 것이다.

그는 가장 절망적인 순간에도, 그 어떤 희망도, 한 줄기 가능성도 없어 보이는 그런 막막한 밑바닥 삶 속에서도 우직하게 한 걸음을 내디디는 것을 멈추지 않았다. '나는 이제 더 이상 안 되는구나' 라는 그런 절망의 순간에도 그는 우직하게 전진해 나갔다.

생계를 유지할 수 있는 능력이 부족하다는 이유로 이혼을 당하고, 홀로 힘겹게 세 살배기 아이를 키우며 인생의 차가운 밑바닥을 경험하며 살아야 했던 노숙자가 월스트리트의 백만장자가 된 것은 결코 우연이 아니었다. 한 걸음씩 나아가는 우직함이 그에게 스스로 기회를 선물했고, 그 기회조차 우직함을 통해 싹을 나고 열매가 맺혀지게 되었다.

그는 자신의 저서인 [늦었다고 생각할 때 해야 할 42가지]라는 책에서 문제뿐인 인생이 곧 기회뿐인 인생이라고 말하면서, 자신의 우직함에 대해 이렇게 말한다.

" 확신이 서지 않을 때마다 이렇게 반복해 보라. 앞으로 가는 한, 걸음마라도 괜찮다. 결승선을 지날 때 비틀거릴지 몰라도, 머뭇거리며 간신히 걷더라도 어떻게든 걷기만 한다면 걸음마라도 좋다."

10년 후 후회하지 않는 내 인생을 살기 위해서는 걸음마라도 상관없다. 앞으로 한 걸음씩 나아가는 것이 중요하다. 비틀거릴지라도, 머뭇거릴지라도 한 걸음을 더 나아가는 것이 중요하다.

우리가 두려워해야 하는 것은 느리게 가는 것이 아니라, 가만히 서 있는 것, 멈추는 것, 포기하는 것이어야 한다. 천천히, 느리게 가는 것은 절대로 두려워해서는 안 된다.

중국 속담에도 '느리게 가는 것을 두려워하지 말고 가만히 서 있는 것을 두려워하라.'라는 말이 있지 않은가? 우리에게 부족한 것은 능력이 아니라 우직함이다. 멈추지 않고 천천히 느리더라고 한 걸음씩 나아갈 수 있는 우직함 말이다.

많은 사람이 눈부신 미래를 살지 못하고 후회로 가득 차 있는 삶을 사는 이유 중의 하나는 능력 부족 때문이 아니라 우직함이 부족했기 때문이다.

우리의 삶을 살고, 그것도 후회하지 않는 삶을 살기 위해서 우리에게 필요한 것이 능력보다도 더 우직함인 또 다른 이유는 인생을 살다 보면 많은 부침이 있기 때문이다. 잘 될 때도 있고, 못 될 때도 있는 것이 바로 인생이다. 그런데 잘 될 때는 누구보다 더 신이 나서 일을 하지만 못 될 때는 의기소침해서 모든 것을 멈추고 그 자리에 주저앉는 사람은 아무리 능력이 많은 자라 할지라도 절대로 성공하거나 대가가 되거나 거장이 될 수 없다.

우직함이 부족한 사람은 자신이 가던 길이 닫히게 되면, 이내 곧 닫힌 문을 쳐다보며 아쉬워하면서 시간을 낭비하게 된다. 하지만 우직함이 있는 사람은 하나의 문이 닫히면 또 다른 하나의 문으로 계속 진군하는 사람이다.

" 하나의 문이 닫히면 다른 하나의 문이 열리게 마련이다. 그러나 우리는 너무도 자주, 후회 속에서, 오래도록 닫힌 문을 쳐다보며 아쉬워한다. 우리 앞에 또 하나의 문이 열려 있는 것도 알지 못한 채."

헬렌 켈러(Helen Keller)의 이 말은 그녀가 어떻게 해서 장애를 극복하고 정상인들보다 더 위대한 업적을 달성해 낼 수 있었는지를 잘 설명해 주는 말이다. 그녀는 누구보다 우직했고, 그 우직함은 그녀에게 어떤 장애라도 극복해 낼 수 있게 해 주었다.

- 기분이 나빠지면 나약해진다. 그러므로 즐겨라.

" 내 기가 허하고 내게 우울한 감상이 있는 틈을 타, 나를 망치려 드는 수작일지도 모르지, 이럴 때는 마귀에게 넘어가기 쉽거든." < 셰익스피어, [햄릿] 중에서 >

영국의 대 극작가 셰익스피어의 4대 비극 중에 그가 가장 먼저 쓴 [햄릿(Hamlet)]에서 주인공인 햄릿의 대사이다. 덴마크의 왕자인 햄릿은 갑작스러운 부왕의 죽음과 한 달도 채 못 되어 삼촌인 클로디어스가 자신의 어머니 거트루드와 결혼식을 하고, 왕국과 왕비를 모두 차지하는 엄청난 현실 앞에서 우울증에 걸리고 말았다.

 10년 후 후회하지 않을 인생을 살기 위해서 우리가 조심해야 하는 것 중의 하나는 우리의 마음과 기분이다. 사람은 이성의 동물이기 이전에 감성의 동물이기도 하다는 사실을 우리는 명심해야 한다.

햄릿이 만약에 그런 상황에서도 마음을 강하게 먹고, 담대하게 현실을 헤쳐 나가고자 결단하고 우울증에 걸리지 않고, 자신의 기분과 마음을 최대한 잘 다스릴 수 있었다면 그런 비극은 발생하지 않았다고 생각할 수 있다.

왜냐하면, 인간은 자신의 기분을 잘 다스리지 못할 때, 즉 극도로 흥분했을 때 혹은 반대로 극도로 우울할 때 가장 많이 후회할 행동을 하기 때문이다. 햄릿을 보면, 그 비극의 발단은 일어난 현실, 즉 부왕의 죽음과 어머니의 재혼 등과 같은 것이 아니라 햄릿 자신의 우유부단함, 망설임, 완벽주의, 회의론, 주저함 등에서 비롯된다고 할 수 있기 때문이다.

다시 말해, '물을 바라보는 것만으로는 바다를 건널 수 없다.' 라는 사실을 햄릿은 알지 못했다. 계속 바라보다가, 망설이다가 결국에는 한 명만 더 죽으면 마무리될 이 상황을 죄 없는 일곱 사람이 더 죽도록 만들었다.

문학 평론가 A. C. 브래들리는 햄릿의 우유부단함과 망설임, 결단력 없음을 두고 한탄했다.

"왜 햄릿이 단박에 유령의 말을 듣지 않았던 것일까? 그랬다면 죽은 8명 중 7명의 목숨을 구할 수 있었을 텐데."

물론 햄릿이 복수를 끝없이 뒤로 미룬 원인에 대해 수많은 학자가 서로 다른 의견을 내놓았다. 프로이트는 그 원인을 햄릿의 오이디푸스 콤플렉스에서 찾았다. 니체는 그 원인이 그가 허무주의자였기 때문이라고 주장하기도 했다. 그래서 '흥청망청 살아가는 니오니소스형' 인간이 햄릿과 닮았다고 말한다.

그 원인이 어떤 것이라고 우리는 단정 지을 수 없다. 영원한 수수께끼일 것이다. 하지만 우리가 분명하게 알 수 있는 한 가지 사실은 햄릿이 그러한 현실을 극복할 만큼 강한 마음을 가졌고, 그로 인해 우울증에 걸리지 않았거나 혹은 복수를 할 것인지, 아니면 안 할 것인지에 대해 우유부단하지 않았다면, 혹은 복수를 하기로 했다면 그것을 망설이지 않았다면 고귀한 7명의 목숨은 구할 수 있었다는 사실이다.

그렇게 되었다면 햄릿은 더는 우리가 알고 있는 그런 비극이 아니었을 것이며, 해피엔딩으로 끝날 수도 있었을 것이다.

우리가 후회하지 않는 인생을 살기 위해 조심해야 할 것은 우리의 기분이 극도로 우울해졌을 때이다. 이때는 반드시 자기 자신의 기분을 회복시키기 위해 할 수 있는 모든 행동과 조치를 취해야 한다.

우울한 상태가 자주 반복되면 결국 그 우울함에 자기 자신이 노예가 되고 만다. 그렇게 되면 결국 허무주의자가 되고, 하루하루 낭비하며 살아가게 된다. 심지어는 극단을 선택하기도 한다.

더 큰 문제는 이런 상태로 10년을 살아가게 되면, 10년 후에는 반드시 후회하게 된다는 것이다. 그러므로 우리는 하루하루 매 순간 기쁘고 즐거운 마음으로 살아가는 것이 매우 중요하다.

'웃지 않고 보낸 날은 실패한 하루다'라는 말이 있는 것처럼 하루하루 우리의 일상은 사실상 너무나 많은 기적과 축복의 결과물이다.

새벽 여명에 어둠의 세상이 환한 빛의 세상으로 전환되는 그 순간은 평생 보지도 듣지도 못한 채 살았던 헬렌 켈러에게는 자신이 3일간만 볼 수 있게 된다면 꼭 경험해보고 싶은 기적의 순간이기도 하다.

우리가 날마다 아침에 건강한 상태로 일어나 어딘가로 가서 무엇인가를 할 수 있다는 것은 너무나 큰 축복이고, 기적임을 우리는 깨달아야 한다. 그렇게 되면 길가의 낙엽조차, 작은 풀잎조차, 맑은 하늘조차, 지나가는 어린아이의 웃음소리조차 기쁨이 되고, 즐거움이 되는 것이다.

우리가 우울함에서 벗어나 즐겁게 하루하루 살

아야 하는 이유는 즐겁게 사는 사람이 훨씬 더 성공할 확률이 높고, 인간관계도 좋고, 일도 열심히 하고, 자신의 분야를 잘 해내고, 건강하게 살아가기 때문이다.

그래서 즐겁고 행복한 사람이 성공하는 것이지, 성공한 사람이라고 다 즐겁게 살고, 행복한 것은 아니다. 어떤 의미에서는 즐겁고 행복하게 사는 사람은 다 성공한 사람이라고 할 수 있지만, 성공한 사람이라고 다 행복한 사람이라고 할 수 없다.

'즐겨야 이긴다.' 혹은 '천재는 노력하는 사람을 이길 수 없고, 노력하는 사람은 즐기는 사람을 이길 수 없다.' 라는 말이 있고, 공자도 [논어(論語)] <옹야편(雍也篇)>에서 이런 말을 했다는 것을 우리는 너무나 잘 알고 있지 않은가?

" 知之者 不如好之者, 好之者 不如樂之者 "

" 알기만 하는 사람은 좋아하는 사람만 못하고,

좋아하는 사람은 즐기는 사람만 못 하다. "

바로 이런 이유로 일을 즐기는 사람이 능력이나 학식이 있는 사람보다 더 큰 성과를 창출해 내고, 그 분야에서 최고의 자리를 얻게 되는 것이다. 그러므로 자신의 기분을 극복할 방법을 찾아내거나 그 어떤 것을 가지고 있는 것이 매우 중요하다.

즐겨야 재미가 있고, 재미가 있어야 자신을 뛰어넘을 수 있는 것이 바로 우리 인간이다. 그러므로 즐겁게 일하지 않고, 인생을 즐기지 못하는 사람은 어떻게 보면 실패자라고 할 수 있다.

웃지 않고 보낸 하루는 실패한 하루라는 말이 있는 것도 바로 이것 때문이다. 웃지 않고 보낸다는 것은 즐기지 못했다는 것이고, 재미가 없었다는 것이다. 그리고 재미가 없다면, 그 어떤 사람도 일을 잘 하거나 승리할 수 없다. 일을 잘 하거나 승리할 수 없는 사람은 결국 자기 자신을 이겨낼 수 없다.

비록 일시적으로는 그것이 가능한 것처럼 보일

지라도, 절대로 장기적으로 그것은 불가능하다. 즐거움과 재미, 그 자체는 인간의 잠재력이라는 스위치를 켜는 동작 혹은 스위치 그 자체와 비슷한 기능을 하기 때문이다.

아무리 많은 전등과 많은 전기 장치들이 집에 설비되어 있다 해도, 스위치를 발견하지 못했거나, 발견했다 해도 켜지 못한다면, 그 많은 전등과 전기 장치들을 절대 사용하거나 활용할 수 없다. 그래서 열심히 노력하는 사람보다 좋아하는 사람이 더 낫고, 좋아하는 사람보다 그것을 즐기는 사람이 더 나은 것이다.

아무리 천재라도 노력하는 사람은 이길 수 없다. 그리고 아무리 노력하는 사람도 좋아하는 사람을 이길 수는 없으며, 아무리 좋아하는 사람도 그것을 오롯이 즐기는 사람을 이길 수는 없다. 즐기는 사람이 자신의 무한 잠재 능력을 깨우는 그런 사람이기 때문이다. 그러므로 무엇보다 재미를 발견하고, 그것을 십분 활용할 수 있어야, 천재도 이길 뿐만 아니라, 자신도 넘어 설 수 있다.

그렇게 하려면 기분을 다스려야 한다. 기분을 통제할 수 있어야 한다.

'위대한 인물들은 모두 자신의 기분까지 통제할 수 있었다.'

위대한 성공자들도 인간이기에 때로는 슬픔에 잠기고, 우울해질 수 있다. 하지만 성공한 자들은 하나같이 그러한 슬픔이나 우울증에 빠져서 시간과 에너지를 낭비하면서 허송세월하지 않고, 지혜롭게 극복해 내고 자기 일에 날마다 흔들림 없이 매진했다는 사실을 우리는 알아야 한다.

그리고 그러한 성공자들이 많이 사용한 방법 중에 대표적인 것이 명상과 기도, 그리고 긍정적으로 삶을 바라보는 자세와 독서이다.

삶에 지쳐서 힘들고 슬퍼지고 우울해질 때, 많은 사람이 명상과 기도, 그리고 긍정적으로 삶을 바라보는 자세를 통해 잃어버린 기쁨을 회복하게 된다. 스티브 잡스도 명상을 자주 하면서 자신의 마음과 기분을 잘 다스렸기에 세상을 놀라게 할 만큼 위대한 혁신가로 도약할 수 있었다.

만약에 그가 자신이 만든 회사인 애플에서 쫓겨나는 그러한 엄청난 시련을 겪고서 자신의 분노와 패배감과 혼란과 두려움을 제대로 극복해 내지 못 했다면 그는 우리가 알고 있는 이 시대의 위대한 혁신가가 되지 못했을지도 모른다.

명상함으로써 자신의 분노와 패배감으로 가득 차 있는 부정적인 마음을 다스리고, 즐겁게 일에 매진할 수 있는 능력은 그 어떤 능력보다도 더 중요한 능력이라고 할 수 있다.

스타벅스 신화를 창조한 하워드 슐츠 회장은 '나는 어두운 면을 보지 않는다.'라고 말했다. 이순신 장군도 이와 다르지 않다. 그를 위대한 장군으로 만들어 준 많은 힘 중에서 하나의 힘은 '현실의 밝은 면을 보고, 어두운 면을 보지 않는 삶의 자세'에서 비롯된 것이라고 할 수 있다.

이순신 장군은 자신의 모든 정신을 하나에 모으고, 정신을 흐트러뜨리지 않기 위해서 기도를 했고, 긍정적으로 삶을 바라보았던 인물이었다.

' 신에게 전선이 아직도 12척이 있습니다.'

그가 한 이 유명한 말에서 우리가 배워야 할 것은 그가 '겨우 12척 밖에 없습니다.' 가 아니라 '아직도 12척이 있습니다.' 라고 말했다는 사실이다. 이 사실에서 우리는 절대 긍정의 힘을 배워야 한다.

우리가 이렇게 삶의 어두운 부분이 아니라 밝은 부분을 봐야 하는 이유는 밝은 부분을 볼 때 자포자기(自暴自棄)에 빠지지 않을 수 있을 뿐만 아니라 거의 불가능해 보이는 상황에서도 해낼 힘과 에너지를 얻을 수 있고, 또다시 도전할 수 있게 되기 때문이다. 또한, 그렇게 도전할 때 불가능해 보였던 것들도 모두 우리 앞에 무릎을 꿇게 되는 것이다.

그가 얼마나 많은 분노와 공포와 좌절과 혼란을 겪었는지를 생각해 보면 경거망동하지 않고, 스스로를 자중하면서 냉철하게 전투에 임함으로써, 그리고 슬픔과 분노와 패배감과 배신감과 두려움과 혼란에 굴복하지 않고, 왜적을 맞아서 당당하게 전투에 임할 수 있었던 것은 부정적인 기분을 극복해 낼 수 있었기 때문이다.

패잔병으로 구성된 13척의 조선 수군으로 133척의 왜군과 싸워 크게 승리할 수 있었던 것은 이순신 장군의 정신력 때문에 가능했다고 할 수 있다. 그리고 그렇게 역사에 길이 빛나는 승리를 이끈 정신력의 본질은 참담한 현실조차도 긍정적으로 바라볼 수 있는 자세라고 할 수 있다.

이러한 이순신의 모습을 잘 보여 주는 책이 바로 [그는 어떻게 이순신이 되었나]라는 책이다. 그 책에 보면 이런 대목이 잘 설명되어 나온다.

" 그는 어려운 상황에서도 언제나 긍정적인 부분을 먼저 보았고, 위기 속에서도 희망을 떠올렸다. 우선순위에 따라 판단하고, 조급함이나 부정적인 생각을 피했다. 현실을 인정했지만, 해결방법을 먼저 고민했다. 그에게 패배감이나 두려움, 혼란과 같은 부정적인 생각은 왜군처럼 극복하고 이겨내야 할 대상이었다. 이순신의 낙관적인 태도가 가족에게 안정감을 주고, 부하들의 사기를 높여 어떤 문제든 신속하게 대처할 수 있도록 해주었다. 또한, 문제가 생겨도 긍정적인 생각을 먼저 했기 때문에 부정적인 생각이 일으킬 수 있는 과도한 처벌이나 책임 전가를 피할 수 있었다."
< 27쪽, 박종평, [그는 어떻게 이순신이 되었나] >

 실제로 난중일기를 보면, ' 그런대로 완전하니 기쁘다.' '그나마 왜적이 아니라서 기쁘고 다행이었다.' '이 난리 중에서도 다행한 일이다.' ' 이것만도 다행이다.' ' 이 역시 다행한 일이다.' ' 심하게 타지 않아 다행이다.'와 같은 매우 낙관적인 표현, 기뻐하고 긍정하는 표현들이 많이 나온다.

이것은 이순신 장군이 참담한 현실 속에서도 스스로 삶의 밝은 부분을 바라보고 잃어버린 기쁨을 회복하며 위안을 얻고 기뻐하고 즐거워하면서 새로운 힘과 용기와 에너지를 충전시키고 있다는 것을 알 수 있다.

위대한 인물들이 모두 전쟁 중에도 책을 읽은 것은 자신의 감정과 기분을 스스로 다스리고, 전쟁의 혼란과 어수선하고 파괴적이고 자포자기적인 분위기에 빠져들지 않기 위해서였다는 것을 우리는 알아야 한다. 즉 한 마디로 책을 읽음으로써 자신의 기분을 통제하고자 했다.

이순신 장군은 전쟁 중에도 끊임없이 책을 읽었다. <손자병법> <오자병법> 등을 비롯한 많은 책을 읽었을 뿐만 아니라, <난중일기>를 쓰기까지 했다. 나폴레옹도 이와 다르지 않다. 그는 이집트 원정 시에는 아예 1,000여 권의 책과 사서들을 데리고 전장에 가기도 했다.

나폴레옹은 말했다. '위대한 행동은 우연과 행

운이 만들어낸 작품이 아니라, 철저한 전략과 천재성에서 나오는 것'이다. 그의 말대로 알렉산더와 시저, 한니발 등과 이순신, 광개토대왕, 심지어 세종대왕과 같은 위대한 인물들은 항상 성공했으며 성공적인 삶을 살았다.

하지만 그들이 그렇게 위대한 성과를 창출해 내고 위대한 인물이 될 수 있었던 것은 그들이 행운을 타고났기 때문이거나 좋은 환경이었기 때문에 가능했던 것이 아니다. 오히려 행운보다 불행이 더 많았고, 좋은 환경보다 나쁘고 불리한 환경이 더 많았다.

그들이 그렇게 할 수 있었던 것은 자신의 기분을 통제함으로써 환경과 행운까지도 통제할 수 있었기 때문이다. 세종대왕은 삼남으로 태어나서 왕이 될 가능성이 가장 낮았다. 하지만 그는 자신에게 주어진 불리한 환경을 독서를 통해 극복했고, 자신을 다스리고 성장시켜 나갔다.

그 결과 그는 왕이 될 수 있었을 뿐만 아니라 위

대한 왕이 되어 한글을 창제하는 위업을 달성해 낼 수 있었다.

'나는 한 시간의 독서로 누그러들지 않는 어떤 슬픔도 알지 못한다.' 라고 몽테스키외가 말했던 것처럼 위대한 인물들은 독서를 통해 자신의 기분을 다스리고, 극복해 내었다. 그래서 독서를 통해 심지어 자신의 운명까지도 극복하고, 새롭게 재창조해 내었다. 이렇게 책을 통해 자신의 기분을 극복해 냈고, 그로 인해 위대한 인물이 될 수 있었던 사람이 '링컨' 이다.

링컨은 자신의 가문에 내려오는 우울증으로 인해 평생 고생을 했고, 심지어 자살 충동도 자주 느꼈다. 하지만 그가 위대한 대통령이 될 수 있었던 것은 그러한 기분을 독서를 통해 잘 극복해 낼 수 있었기 때문이라고 할 수 있다. 그가 만약에 성경을 가까이 두고 항상 읽고 용기와 위안을 얻지 않았다면 그는 중간에 겪은 수많은 사업실패와 정치실패, 개인적인 비극적인 가족사 등을 통해 자살했을 수도 있었을 것이다.

10년 후 후회하지 않는 인생을 살기 위해서 열심히 살아가는 것도 중요하지만 무엇보다도 자신의 기분을 잘 다스릴 줄 알아야 한다. 그렇게 할 수 있는 사람만이 요동치지 않고 꾸준히 자신의 길을 나아갈 수 있는 그런 사람이 될 수 있기 때문이다.

- 최고를 고집하고 요구해야 최고를 얻는다.

" 인생이라는 녀석은 재미있는 구석이 하나 있다. 모든 걸 마다하고 최고만 받아들이려고 고집하면 대체로 최고를 얻는다."

영국의 작가인 서머싯 몸이 한 이 말을 통해 우리는 인생을 살아갈 때 꼭 갖추어야 할 마음 자세를 하나 배울 수 있다. 그것은 우리가 자기 자신에 대해 '최고를 요구할 줄 아는 사람'이 되어야 한다고 스스로 주문하는 것이다.

삼성의 임원들과 사장단들이 식당에 가서 회식할 때, 가장 많이 식당 주인이나 지배인들에게 잔소리를 많이 한다. 그리고 삼성맨들이 또한 가장 많이 하는 경향이 있다. 그 이유는 간단하다.

그들의 성격이 까다로워서가 아니다. 식당이 형편없는 그런 식당에만 그들이 가기 때문이 아니다. 그들의 눈높이가 매우 높기 때문이다. 그들은 큰 것부터 작은 것까지, 중요한 것부터 시시한 것까지 모두 최고를 요구한다.

그래서 그들은 어떤 식당이나 어떤 호텔을 가더라도 잘못된 것에 대해, 서비스가 형편없으면 가장 먼저 질책을 한다. 그것도 매우 심하게 말이다.

그런데 그들이 그렇게 하는 것은 본질적으로 그들이 최고를 만들고, 자신을 최고로 도약시키고, 최고를 이 세상에 내놓기 때문이다. 즉 적당히 일하고, 적당히 대우받고, 적당히 좋은 것에 만족하며 살아가는 유형의 사람들이 절대 아니기 때문이다.

그들은 최고를 요구한다. 그리고 그들은 스스로를 최고로 만든다. 그것이 그들의 삶의 방식인 것이다. 그리고 그러한 삶의 방식 때문에 그들은 처음에는 별 볼 일 없는 이류 회사였고, 이류 사원이었지만, 점점 더 최고가 되고, 일류가 되고, 심지어 초일류가 될 수 있었다.

최고의 자리에 오른 대가들과 거장들과 고수들의 숨길 수 없는 단 한 가지의 특징은 그들은 모두 최고를 요구하고, 최고를 고집하고, 최고를 생각하고, 스스로 최고가 된다는 점이다.

그들에게는 최고만을 원하는 그러한 DNA가 흐르는 것이다. 우리가 최고가 되고 싶다면 먼저 우리도 최고만을 고집하고 최고만을 생각하고, 최고만을 생산하고, 최고만을 추구하고, 스스로 최고가 되고자 해야 한다는 것이다.

세계적인 경영의 대가 Guru 자리에 오른 톰 피터스도 역시 자신의 저서인 [리틀 빅 씽]을 통해서 자신이 세계적인 경영 대가 자리에 오를 수 있었던 단 한 가지 이유는 '엑설런스를 추구했기 때문'이라고 밝혔다.

" 남을 앞설 수 있는 탁월함, 즉 엑설런스(Excellence)가 있으면 누구나 성공할 수 있다. 그렇다면 현재 자신에게 엑설런스가 없다면 어떻게 해야 할까?

내가 경영의 대가 Guru 자리에 오른 것도 엑설런스를 추구했기 때문이다. 엑설런스의 자리에 오르기 위해 나는 끊임없이 초우량 기업의 비밀을 연구했다. 그리고 1982년 <초우량 기업의 조건>이라는 공동 저서를 펴냈다. 내가 추구했던 엑설런스는 단숨에 이 책을 베스트셀러 반열에 올려놓았다. 이후30년 가까이 나는 '엑설런스의 위대함'에 대해 힘주어 이야기하고 있다. 엑설런스가 이렇게 중요하기 때문에 나는 엑설런스란 단어를 쓸 때 대문자 'E'로 쓴다. "

< 39~40쪽, 톰 피터스,

 만약에 그가 최고, 엑설런스, 탁월함을 추구하지 않고 그저 그런 것에 만족하며 살았다면 지금 우리가 알고 있는 세계적인 경영 대가인 톰 피터스는 존재할 수 없었을지도 모른다. 우리도 이와 다르지 않다.

 우리가 지금까지 평범한 사람에 불과하고, 그 어떤 두각도 나타내지 못했다면, 그 이유는 바로 우리가 최고를 추구하고, 최고를 고집하고, 최고가 되려고 하지 않았기 때문인지도 모른다.

  최고를 고집하고, 최고를 요구하고, 최고를 추구해야 하는 이유는 우리가 그렇게 할 때 스스로를 최고로 만들 수 있기 때문이기도 하지만, 그렇게 할 때 얻게 되는 최고만이 가진 위력도 무시 못 할 정도로 인생과 우리에게 큰 영향을 주기 때문이다.

  최고를 추구하면, 놀라운 결과를 얻을 수 있게

된다. 그저 그런 기대치가 아닌 최고에 대한 기대치를 가지고 일을 할 때 우리는 정말 그렇게 될 수 있다. 그리고 최고를 추구할 때 우리는 우리도 몰랐던 용기를 얻게 된다. 그리고 최고를 추구하고 고집할 때 우리는 다른 그 무엇보다도 우리 자신이 스스로 분발하게 되어 있다.

최고의 삶을 고집하고, 최고의 삶을 생각하고, 최고의 삶을 살고자 하는 사람들은 아무리 추운 날의 차가운 새벽일지라도 따뜻한 이불 속에서조차 벌떡 일어나서 새벽 공기를 가를 힘을 얻게 된다. 그것이 최고가 주는 힘이다.

최고를 추구하고 최고를 고집하는 사람들은 자기 자신도 역시 그것에 걸맞은 사람이 되어야 한다는 것을 스스로 인식하게 된다. 그 결과 무엇보다도 자기 자신을 최고의 사람으로 만들어 간다. 이러한 원리는 거장이 되고, 대가가 되고, 고수가 되는 사람들이 가지고 있는 공통점이다.

우리가 최고가 되기 위해서는 최고를 고집하고,

최고를 요구하고, 최고만을 생각하고, 최고만을 갈망하는 그런 삶의 자세가 필요하다. 그리고 무엇보다 지금 이 순간부터 최고로 살아갈 것을 스스로 다짐하고, 약속하고, 결단해야 한다.

그러한 결단을 하는 순간, 자기 자신은 최고를 고집하고, 최고를 요구하게 되고, 놀랍게도 최고를 얻게 되는 것이다.

개인이 성장하고 발전하여 최고가 되기 위해서 항상 최고를 고집하고 최고를 요구해야 할 뿐만 아니라 기업도 이와 다르지 않다는 것을 세계1위 자동차 회사였던 GM은 잘 보여 주고 있다.

세계 1위 자동차 회사였던, 즉 최고였던 GM은 어느 순간부터 몰락을 길을 걷게 되었다. 그런데 그 몰락의 원인이 매우 충격적인 것이었다. 그 원인은 바로 '최고를 추구하는 것을 포기했기 때문'이라는 것이다.

"한때 세계에서 가장 크고 위대했던 기업인

GM은 엑설런스가 결여된 결정을 함으로써 서서히 몰락의 길을 걸어왔다. ……. 몰락의 원인은 수도 없이 찾을 수 있지만 한 가지 분명한 사실은 GM이 세계 최고의 차를 만드는 것을 포기한 것이 최대 실책이라는 점이다."

기업과 비즈니스 분석의 최고 권위자 중의 한 명인 제임스 스튜어트 James B. Stewart의 이러한 진단은 우리가 왜 반드시 최고를 추구하고, 최고를 고집하고, 최고만을 목표로 삼아야 하는지에 대해 단적으로 잘 설명해 준다.

최고가 되고, 최고를 추구하기 위해 우리가 명심해야 하는 사항도 있다. 그것은 최고를 고집하고 요구하고 최고를 얻기 위해서, 그리고 스스로 최고가 되기 위해서는 무엇보다 자신감이 필요하다는 사실이다.

자기 자신에 대한 확신과 자신감이 없다면 최고를 당당하게 요구할 수 없다. 단 한 번도 최고가 되어 본 경험이 없거나, 단 한 번도 최고의 대우를 받아본 경험이 전무후무한 사람은 최고가 무엇인지를 감성적으로, 직관적으로, 감각적으로 이해할 수 없다.

 그래서 경험이 중요한 것이다. 수박도 먹어본 사람이 잘 먹고, 많이 먹을 수 있다. 고기도 마찬가지다. 그리고 그것은 한 번 경험한 것은 두 번 하기가 그만큼 쉬워지고, 두 번 한 것은 세 번째 하기가 그만큼 더 쉬워지기 때문이다.

 그런데 한 번도 해 본 적이 없는 수준의 것은 평생 아무리 노력해도 그 수준까지 올라가기가 힘들다. 그러므로 우리는 최고가 되기 위해 더욱더 노력해야 하고, 최고를 고집하고, 최고를 요구해야 한다.

 그래서 한 번 최고를 경험하고, 최고가 되고, 최고의 대우를 받고, 최고의 경험을 하게 되면, 그 다음에는 훨씬 더 쉬워지고, 훨씬 더 자주, 훨씬 더 많이 최고의 삶을 누리게 되는 것이다.

우리에게 필요한 것은 바로 이것이다. 일등을 해본 적이 있는 사람과 기업이 또다시 일등 하는 것이 쉬운 이유가 바로 이것이다.

10년 후에도 후회하지 않는 인생을 살아가기 위해서는 필요한 것은 최고를 추구하는 자세와 마음이다. 최고를 고집하고, 최고를 추구하고, 최고를 요구하면서, 스스로 자신을 최고로 만들어 가도록 하자.

― 생각만 하는 사람의 문제는 바로 그 생각이다.

" 우리가 직면하는 중요한 문제들은, 그것을 창조했던 것과 같은 수준의 생각으로는 도저히 풀릴 수가 없다."

20세기 최고의 천재 과학자였던 알베르트 아인슈타인의 이 말을 우리는 이 책을 읽기 전과 같은 수준의 생각으로 생각해서는 안 된다. 이 책을 읽기 전과는 조금이라도 달라진 수준의 생각으로 생각해야 한다.

그것은 이미 이 책의 5분의 1 정도를 읽었기 때문에 그만큼 사고의 수준이 향상되었다고 생각할 수 있기 때문이다. 아인슈타인이 한 이 말은 우리가 어떤 문제를 일으켰을 때, 그것을 해결하기 위해서는 그 문제를 일으켰을 때의 사고 수준과는 조금이라도 다른 수준의 사고를 통해서 풀 수 있다는 말이다.

쉽게 말해서 초등학생들이 일으킨 말썽을 해결하기 위해서는 최소한 중고등학생의 사고 수준이 있어야 한다는 말이다. 하지만 어른이 어떤 문제를 일으켰을 때는 그 어른 자체가 자신의 의식과 사고의 수준을 향상시키는 수밖에 없다.

하지만 자신의 의식과 사고 수준을 향상한다는 것은 결코 쉬운 일이 아니다. 그러므로 수많은 사람이 수많은 자기계발서를 읽고, 크게 생각하고, 긍정하고, 꿈을 꾸는 것이 성공의 토대가 된다는 것을 알게 되지만, 심지어 코에 딱지가 붙을 정도로 듣고, 눈에 다래끼가 날 정도로 읽었지만, 자신의 삶이 변화하지 않는다.

생각만 하고 그것에서 멈추기 때문이다. 책을 읽을 때의 순간적인 감동이 전부라는 것이다. 하지만 놀랍게도 어떤 사람들은 책을 읽고, 인생이 변화되고, 운명이 바뀌고, 눈부신 미래를 열어가는 사람들이 있다.

그렇다면 전자와 후자의 차이는 무엇일까? 결국, 생각만 하는 사람들은 생각에만 머물 수밖에 없는 수준의 생각만 한다는 것이고, 삶이 변화되는 사람들은 실천과 행동으로 나아가고, 인생이 바뀌는 데까지 영향을 미치는 수준 높은 생각을 한다는 것이다.

즉 의식과 사고의 수준이 다르다는 것이다. 소가 수레를 이끌 듯 우리의 삶을 이끄는 것은 바로 우리의 생각이다. 하지만 생각의 수준이 낮을수록 그 생각은 어떤 행동력이나 결단력이나 추진력이 없다. 그러므로 우리는 아무리 좋은 명언이나 이론을 배운다고 해도 생각의 수준을 높이지 않으면 무용지물밖에 되지 못한다는 것을 알아야 한다.

생각만 하는 사람들의 문제는 바로 그 생각이며, 또한 동시에 행동력이 있고, 결단력이 있는 사람들의 원인도 바로 그 생각이다. 똑같은 생각이지만 전자는 부정적이고, 회의적이지만 후자는 긍정적이고 희망적이다. 하지만 이렇게 긍정과 부정으로 나누는 것보다 더 큰 본질적인 문제는 아무리 긍정적인 생각을 한다 한들 실천하지 않는 사람들에게는 아무리 긍정적인 생각이더라도 아무 유익함도 영향도 끼치지 못한다는 사실이다.

실천과 행동을 이끌어 내는 수준 높은 사고력을 길러야 하는 이유가 바로 이것이다. 이제 광고에서조차 긍정이 좋고 유익하다는 것을 내보내고 있다. 부정적이고 소심하고 낙오자처럼 사는 사람들이 그렇게 사는 이유가 긍정이 좋다는 것을 몰라서 그런 것이 아니다.

긍정적으로 아무리 살고자 해도 몸이 움직이지 않는 것이다. 이내 곧 소극적이 되고 부정적이 되고 말기 때문이다. 그 이유가 바로 낮은 수준의 의식과 사고 때문이다.

그런 점에서 우리는 10년 후회하지 않는 인생을 살기 위해서 의식과 사고의 수준을 향상해야 할 필요가 있다.

의식이 깨어 있는 사람들은 뭔가 다르다. 하지만 의식 수준이 낮은 사람들은 마치 비몽사몽 간에 생활하는 것처럼 잠을 자는 것과 같다. 의식과 생각의 수준을 높이기 위해 의식 혁명, 사고 혁명이 우리에게 우선으로 필요하다.

의식이 깨어 있고, 사고 수준이 높은 사람들은 이 세상과 자기 자신에 대해 본질을 꿰뚫어 보는 힘을 갖고 있다. 그 결과 그런 사람들은 아무리 많이 실패하고, 시행착오를 겪는 다 해도 절대로 자신을 어떤 사람이라고 회의적으로 생각하지 않는다.

의식이 깨어 있고 사고 수준이 높은 사람들은 대부분 '자기 자신은 반드시 훌륭한 일을 해낼 수 있는 사람'이라는 생각의 끈을 놓지 않는다. 이런 생각이 수준 높은 생각이며, 의식이 깨어 있는 사람들이 갖는 생각이다.

'왕후장상王侯將相의 씨가 따로 있지 않다. 내가 왕후장상이 될 수 있다.'라고 생각하는 사람이 의식이 깨어 있는 사람이다. 그런데 이런 생각을 하는 사람들은 놀랍게도 자기 생각대로 된다. 그리고 그렇게 되는 이유가 자신이 하는 생각이 의식이 깨어 있는 생각이며, 수준이 높은 생각이기 때문이다.

우리가 수준 높은 생각을 하게 되면, 그 생각이 행동으로 이어지고, 나아가서 우리의 인생을 바꾸고 운명까지 결정하게 된다. 그런데 이러한 생각이 자기 자신에 관한 규정으로 한정될 때, 그러한 자기 자신에 관한 규정이 결국에는 행동으로 이어지고, 운명까지 결정하는 것에 대해 '자기 규정 효과 Self Definition Effect라고 한다.

즉 '나는 이 나라의 지도자가 될 사람이다.'라

는 의식이 깨어 있는 수준 높은 생각은 수준이 낮은 사람들은 할 수 없는 생각이다. 그래서 이런 생각을 하는 사람은 실제로 그런 사람처럼 행동하게 되고, 심지어는 진짜 그런 사람으로 변화되고 형성되어 간다.

'나는 최고의 선수다'라고 박지성 선수가 수준 높은 생각을 했기 때문에 박지성 선수는 고등학교 때까지는 평범한 선수였음에도 대학교 이후로 꾸준히 성장하는 세계적인 선수가 되었다.

<생각의 혁명>의 저자이자, 창의성 분야의 대가인 로저 본 외흐Roger von Oech는 창의적인 사람들에 관해 연구하고 분석한 결과 창조적인 사람들은 모두 한 가지 공통점을 갖고 있다는 것을 발견했다.

그런데 그것이 바로 의식이 깨어 있는 수준 높은 생각을 한다는 것이었다. 그들은 모두 '스스로를 창조적인 사람들이라고 규정하고 생각하고 있는 사람들'이었던 것이다. 결국, 수준 높은 생각

만이 우리를 변화시키고, 우리를 이끌어 갈 수 있다는 것이다.

창조적인 사람들은 자신이 창조적인 사람들이라고 생각한다. 자신의 인생이 별 볼 일 없다고 생각하는 사람들은 바로 그 생각 때문에 인생이 진짜 별 볼 일 없어진다. 인생에서 큰 성공을 거두는 사람들은 자신이 크게 성공하게 될 것으로 생각한다. 그리고 바로 그 생각 때문에 인생에서 크게 성공하게 되는 것이다.

'애플'의 스티브 잡스가 '다르게 생각하라 (Think Different)'라고 말한 이유는 남들과 같은 평범한 수준의 생각에서 머물지 말고, 그것을 벗어나 남다른 생각을 하고, 더 수준 높은 생각을 할 때, 그 생각이 인간을 움직이게 하고, 잠자고 있던 창의성을 깨우고, 행동할 수 있게 만드는 원동력이 되어 준다는 사실을 그가 알고 있었기 때문이다.

남들과 같은 생각, 같은 수준의 생각으로는 절

대로 세상을 놀라게 할 수 없다. 남들과 같은 생각, 같은 수준의 생각으로는 절대로 우리는 행동하지 않는다. 그런 생각에는 우리를 움직이게 해주는 힘이 부족하기 때문이다.

철학자 파스칼은 '인간은 우주보다도 위대하다'라고 말했다. 그리고 그 이유는 '인간이 생각하기 때문'이라고 덧붙였다. 그의 말처럼 우리가 우주보다 위대한 이유는 생각하기 때문이다. 하지만 조금 더 구체적으로 말하자면, 우리가 위대한 이유는 위대한 생각을 할 수 있기 때문이지, 평범한 생각을 하기 때문은 아니다.

즉 인간이 우주를 정복하고, 우주보다 더 위대한 존재가 되는 이유는 결코 시시한 생각을 했기 때문이 아니라, 우주를 넘어설 수 있을 만큼 위대한 생각을 했기 때문이다. 위대한 생각이란 우리가 한 번도 생각해 보지 못 한 새로운 수준 높은 생각을 하는 것을 의미한다.

매일 6만 가지에서 8만 가지 이상의 생각을 하

는 사람들이 어떤 생각을 하느냐에 따라 그 사람의 인생의 방향과 삶의 모습과 내용은 전혀 달라질 수 있다. 범죄자들이, 노숙자들이, 알코올 중독자들이 그렇게 사는 이유는 그러한 삶의 수준에 걸맞은 생각했기 때문이다. 그리고 대기업의 CEO나 벤처 기업가들이 그렇게 사는 것은 그것에 걸맞은 생각들을 과거에 했기 때문이다.

당신이 부자로 사는 이유는 당신이 부자가 될 만한 수준의 생각들을 과거에 많이 했기 때문이다. 그리고 이와 마찬가지로 당신이 가난하다면 그것은 당신이 그 수준과 비슷한 가난한 생각들을 많이 했기 때문이다.

인생에서 보편타당한 진리 하나는 '늘 하던 대로 하면 늘 얻던 것밖에 얻지 못한다는 것'이다. 어제와 다른 삶을 살고 싶다면, 늘 하던 대로의 사고방식과 그 수준에서 과감하게 탈피하는 것이 필요하다.

한 마디로 전혀 차원이 다른 새로운 생각, 남과

다른 생각을 해야 한다. 당신이 얼마나 수준 높은 생각을 많이 하느냐에 따라 당신의 삶의 수준도, 당신마저도 달라진다는 것을 명심하라.

　바로 이런 이유에서 성경에도 '무릇 지킬만한 것보다 더욱더 네 마음을 지켜라' 라는 말이 있는 것이다. 생각이 형편없어지고, 형편없는 생각만 하는 사람은 결국 인생도 형편없어지고, 그 사람 자체도 형편없어진다. 하지만 생각이 품격이 있고, 위대한 생각만 하는 사람도 인생도 그렇게 흘러가게 되어 있다.

　남들이 상상도 하지 못 하는 위대한 생각을 하는 사람이 결국 위대한 일을 해내는 것이다. 왜냐하면, 우리가 끊임없이 하는 일련의 생각들은 우리의 성격과 환경에 영향을 주고, 결국에는 우리의 환경과 성격을 형성하기 때문이다.

　그러므로 희망차고, 긍정적이고, 풍요롭고, 위대한 생각을 하는 사람이 그 생각과 똑같은 삶을 창조하며 살아가게 되어 있는 것이다. 결국, 우리의 미래와 환경은 우리의 생각으로부터 나오는 산물에 불과하다.

생각이 우리의 성공과 건강을 결정짓고, 우리의 미래를 좌지우지한다. 그리고 생각이 우리의 환경과 부와 능력과 명성을 결정짓는다. 그래서 우리의 생각에 가장 큰 영향을 끼치는 마음의 상태가 무엇보다 중요하다.

그래서 어떤 일을 만나도 평상심을 유지할 수 있는 사람이 그렇지 못한 사람보다 훨씬 더 성공적인 삶을 살아낼 수 있다.

작은 일에 흥분하고 분노하며 어쩔 줄 몰라 하는 사람은 절대로 수준 높은 생각을 할 수 없기 때문이다. 하지만 큰일을 당해도 평상심을 유지할 수 있는 사람은 수준 높은 생각을 해낼 수 있게 되고, 결국 그 생각이 그 사람을 붙잡아 주고 버틸 수 있게 해 주는 것이다.

생각의 수준이 높은 사람은 지옥도 천국으로 바꿀 수 있다. 그 어떤 것에도 연연하거나 집착하지 않을 수 있다. 그러므로 위대한 사람이 될 수 있다. 결국, 위대한 사람은 위대한 생각이 만드는 것이다.

위대한 사람일수록 세상이 경솔하게 내뱉는 조롱과 모욕을 거뜬하게 견뎌낼 수 있는 것도 그들의 생각이 남과 다르고, 탁월하기 때문이다. 그들이 나무처럼 굳세고, 때로는 풀처럼 유연할 수 있는 것은 그들의 생각이 강건하면서도 유연하기 때문이다. 한 마디로 그들이 위대한 인생을 살아갈 수 있게 해 주는 것은 그들의 수준과 차원이 다른 위대한 생각들이다.

'위대한 삶은 위대한 생각의 산물이다.'

이것이 이 대목의 결론이다. 그러므로 우리는 위대한 생각을 해야 한다. 동시에 10년 후에 후회하지 않는 내 인생을 맞이하기 위해서는 무엇보다도 더 그렇게 해야 한다.

위대한 생각이 위대한 인간을 만들 뿐만 아니

라, 위대한 생각은 위대한 국가를 만들기도 한다. 현재의 강대국 미국과 일본을 만든 것도 미국과 일본 국민이 가지게 된 위대한 생각 때문이었다.

대부분의 나라가 고전적인 왕권이 영향을 미치는 고전 국가였을 때, 미국 국민은 과거의 생각에서 벗어난 위대한 생각을 할 수 있게 되었다. 그들이 새롭게 가질 수 있었던 위대한 생각을 바로 보여 주는 말은 '국민에 의한, 국민을 위한, 국민의 정부' 라는 위대한 생각이었다.

이러한 위대한 생각을 비로소 하게 된 미국의 국민은 스스로 국가의 주인임을 최초로 인식하게 되었고, 생각하게 되었다. 미국의 저력과 발전의 원동력은 바로 이러한 수준 높은, 의식이 깨어 있는 생각에서 비롯되었다.

일본도 이와 다르지 않다. 근대 일본을 성장할 수 있게 해 준 것은 두 권의 책이다. '근대 일본의 정신적 지주' 라 평가받는 후쿠자와 유키치의 [학문을 권함]과 사무엘 스마일즈의 [자조론]을

통해 일본 국민이 하게 된 새로운 위대한 생각은
이것이었다.

  ' 사람 위에 사람 없고, 사람 밑에 사람 없다.
학문하면 누구나 부자가 되고, 귀족이 되고, 존귀
한 자가 될 수 있고, 독립을 할 수 있다.'

  ' 하늘은 스스로 돕는 자를 돕는다. 아무리 천
하고 보잘것없는 사람이라도 노력하면 귀한 사람
이 될 수 있다.'

  지금은 이러한 생각이 당연한 생각일지 몰라도
그 당시에는 혁명과도 같은 수준 높은 생각들이
었다. 천하게 태어난 사람은 평생 천하게 살아야
하고, 학문에 대한 필요성도, 그 위력도 몰랐던
시대였기 때문이다.

  결국, 이러한 위대한 생각이 일본 국민의 생각으
로 흘러 들어가, 결국 위대한 일본이 탄생할 수
있게 되었다.
  우리는 통상 하루에 6~8만 가지 생각을 하며

살아간다. 그런데 그런 생각들은 대부분 어제 했던 생각의 반복이기에 어제의 삶과 다를 바 없는 오늘을 살게 되고, 내일 역시 오늘의 생각을 반복할 뿐이다.

소가 달구지를 끌 듯, 생각이 우리의 삶을 이끌어 간다. 그렇기에 생각의 수준이 삶의 수준을 결정하는 것이다. 부와 행복과 성공은 생각에서 창조된다. 우리에게 가장 중요한 것은 모두 눈에 보이지 않는 것에서 비롯된다.

하지만 우리가 행동하고 실천할 수 있게 해 주는 의식과 수준이 높은 생각이 아니면 아무리 많은 생각을 한다 한들 우리의 삶을 조금이라도 변화시킬 수 없다. 그래서 큰 생각, 수준이 높은 생각, 차원이 다른 생각이 필요한 것이다.

제2장. 긍정을 넘어 열정으로 무장하라.

" 인간의 모든 행위는 이 일곱 가지 원인 중 한 가지 이상에 의해 행해진다.

        : 기회, 본능, 강요, 습관, 이성, 열정, 욕구
"

                    – 아리스토텔레스 –

- 부정 위에 긍정이 있다면, 그 위에는 열정이 있다.

" 우리는 세계의 어떤 것들도 열정 없이 이루어진 것은 없다고 단언할 수 있다."

위대한 철학자 헤겔의 이 말은 열정이 얼마나 중요한 것인지를 알 수 있게 해 주는 말이다. 그렇다면 이 말이 사실이라면 이 세상에서는 열정이 가장 중요한 요소가 된다. 그리고 그렇다면 왜 그렇게 열정이 중요한 것이 되는 것일까?

그 이유는 간단하다. 이 세상을 살아가는 주체인 인간은 이성의 동물이기 이전에 감성과 감정이 있는 동물이기 때문이다. 즉 인간에게 감성이 매우 중요한 요소이기 때문이다. 인간은 이성과 감성을 동시에, 두 개를 다 가지고 있는 존재이기 때문에 때로는 한 쪽이 다른 쪽을 넘어서기도 하고, 때로는 균형을 맞추기도 한다.

그래서 20세기 산업화 시대에는 이성적, 합리적

인 통제와 관리의 전략이 우세했다면, 21세기에는 감성을 자극하는 비전과 감성의 전략이 더 큰 효과를 낸다. 또한, 인간은 이성과 감성을 모두 가지고 있기에 과학과 예술이 모두 발전하는 것이다.

톰 피터스도 자신의 저서인 [리틀 빅 씽]에서 이러한 사실에 대해 다음과 같이 말했다.

" 사람에게 감성이란 매우 중요하다. 감성적인 리더가 성공했다는 이야기를 들어본 적이 없는가? 터무니없는 소리라고 생각하는 사람도 있겠지만 감성은 매우 중요하다. 왜냐하면, 20세기 산업화 시대의 기업 경영 전략은 이성적, 합리적 판단을 이끌어내는 브레인스토밍 전략이었지만, 21세기는 사람의 마음을 흔드는 하트스토밍 heart storming 전략이기 때문이다." < 259쪽, [리틀 빅 씽] >

이 대목처럼 이성보다 감성이 더욱더 중요하다고 할 수 있다. 특히 이러한 사실이 적용되는 측

면은 직장에서 혹은 자신의 분야에서 성공자가 되느냐 실패자가 되느냐를 결정하는 측면이라고 할 수 있다. 사회나 직장에서 성공과 실패를 결정하는 데 가장 큰 영향을 주는 것은 지능지수가 아니라 감성지수라는 사실을 우리는 알고 있기 때문이다.

세계적인 심리학자이자, 가장 영향력 있는 경영사상가 중 한 사람인 다니엘 골먼은 IQ가 성공을 보장하지는 않는다고 자신의 저서인 [감성 지능]과 [감성의 리더십]이란 책을 통해 강조했다. 성공과 행복은 IQ보다 EQ 즉 감성 지능이 좌우한다는 것이다.

그리고 이뿐만 아니라 타인에게 영향력을 행사하고, 타인의 열정에 불을 붙이고, 타인의 마음을 움직이는 것은 리더가 가진 학식이나 능력이 아니라, 감성이라고 할 수 있다. 그리고 그러한 감성은 결국 사람으로 구성된 기업의 성과를 극대화해서 위대한 기업으로 도약할 수 있게 해 준다.

" 위대한 리더 앞에서 우리의 마음은 쉽게 움직인다. 그들은 우리의 열정에 불을 붙이고 우리가 가지고 있는 최고의 것을 끄집어낸다. 그 거역할 수 없는 힘의 근원을 설명하라고 하면 대부분 사람은 전략이니 비전이니 굳건한 사상이니 하는 것을 들먹이겠지만 그 힘의 실체는 보다 깊은 데 있다. 위대한 리더는 그의 '감성'을 통해 지도력을 행사한다." < 21쪽, [감성의 리더십], 다니엘 골먼 외 >

성공과 행복, 리더십의 키워드는 바로 감성이다. 그런데 이 감성은 열정과 많이 닮아있다. 열정이 전염되듯, 감성도 전염이 된다. 열정이 타인에게 열정을 불러일으키듯 감성도 또한 그렇다. 그런 점에서 열정의 본질은 감성 지능에 바탕을 두고 있다고 할 수 있다.

바로 이런 점에서 감성지수를 가장 높게 향상할 수 있는 것은 바로 열정이다. 또한, 동시에 감성이 메말라 있는 그런 사람에게는 열정을 찾아볼 수 없다. 그런 점에서 열정의 토대는 뜨거운 감성이라고 할 수 있다.

그런 점에서 감성과 열정은 닭과 달걀의 관계와 같다고 할 수 있다. 닭이 있어야 달걀이 존재하고, 달걀이 있어야 닭이 존재하듯, 감성이 있어야 열정을 깨울 수 있고, 열정이 있어야 감성지수가 더 높아질 수 있다. 우리의 감성이 이성을 압도할 때, 열정은 깨어난다. 그리고 우리의 열정이 우리의 이성을 이끌 때 감성은 높아진다.

하지만 중요한 한 가지 결론은 '열정 없이는 우리의 성공은 사실상 불가능하다'라는 것이다.

고대 철학자 아리스토텔레스는 인간의 모든 행위의 원인을 7가지로 정의했다.

그가 제시한 7가지 원인은 '기회, 본능, 강요. 습관, 이성, 열정, 욕구'이다. 이 7가지 중에 이성과 열정이 있다. 인간은 그의 말대로 이성 혹은 열정 등과 같은 7가지에 의해 행동한다. 그중에서 성공과 관련된 것은 열정이며, 탁월함과 관련

된 것은 습관이다.

나는 다른 책에서 이 세상에는 절대 배반하지 않는 것이 두 가지 있다고 주장한 적이 있다. 그 두 가지 중의 하나가 바로 열정이다. 열정을 가진 만큼 인생을 더 살아갈 수 있기 때문이다.

열정을 가지고 사는 자는 절대 나이를 먹지 않는다. 그저 늙어가는 사람과 성장하는 사람의 차이는 바로 여기에 있다. 그저 살아가는 사람과 자신을 넘어서면서 살아가는 사람의 차이도 바로 이것이다.

그래서 프랑스의 소설가 C. 슈와프는 '사람은 그 자신이 무한한 열정을 품고 있는 일에는 대부분 성공한다.'라고 말하는 것이다. 열정을 품고 있는 자만이 자신을 뛰어넘을 수 있는 에너지와 활력과 그렇게 하기 위한 모든 것들을 스스로 뿜어내고 만들어 낼 수 있기 때문이다.

열정을 가진 자의 위력은 인생을 파죽지세처럼

살아낼 수 있다는 데 있다.

파죽지세(破竹之勢)란 말의 유래는 진서(晉書)에 나온다. 진 나라의 무제는 두예를 시켜 오나라를 공격하게 했다. 그런데 오나라의 도읍을 점령하기 직전 열린 작전 회의에서 한 장수가 이제 곧 작은 봄비로 강물은 범람할 것이며, 전염병이 언제 발생할지 모르기 때문에 공격을 멈추고 철군하자고 건의를 했다. 그때 두예는 다음과 같이 말을 하면서 공격을 명했다.

" 지금 아군의 사기는 마치 '대나무를 쪼개는 기세' 요. 대나무란 처음 두세 마디만 쪼개면 그다음부터는 칼날이 닿기만 해도 저절로 쪼개지는 법인데, 어찌 이런 절호의 기회를 버린단 말이오."

두예가 이끄는 군대는 오나라의 도읍을 단숨에 공략하여 점령해 버렸다. 열정이란 바로 이런 것이다. 처음 두세 마디만 쪼개면 그다음부터는 대나무는 칼날이 닿기만 해도 저절로 쪼개지듯 열정을 가지고 뜨겁게 도전하고 일을 하면, 처음 두 세 번 정도만 뜨거운 활력으로 해 놓으면 그다음 부터는 그저 이루어질 정도로 쉽게 되어 버리는 것이다.

손자는 [손자병법]에서 이러한 기세에 대해서 산 위의 높은 곳에 있어서 굴러떨어지는 바윗덩 이에 비유한 적이 있다. 바윗덩이가 평지에 있으면 아무 위력도 발휘해 낼 수 없다. 하지만 바윗 덩이가 높은 산 위에 있고, 그것이 산 위에서 굴 러떨어질 때는 그 누구도 막을 수 없는 위력을 발 휘하게 된다.

열정이란 바로 이것이다. 차가워져서 아무 위력 도 발휘해 낼 수 없는 평지 위에서 꿈쩍도 하지 않는 바윗덩이와 같은 인간을 뜨겁게 달구어 산 꼭대기로 올려다 놓는 것, 그래서 아무도 막을 수 없는 위력을 가진 굴러떨어지는 바윗덩이가 되게 하는 것이다.

이러한 열정이 있는 자를 그 누가 막을 수 있고,

말릴 수 있을까? 바로 이것이 열정의 위력이다. 그리고 우리가 열정을 품고 살아야 하는 이유이다.

손자는 또한 같은 책의 제5편에서 이러한 기세에 대해 세차게 흘러내리는 물로도 비유한다.

" 세차게 흐르는 물이 돌을 떠내려가게 하는 데까지 이르는 것은 '세' 다."

물도 역시 평지에 있으면 흐름이 약하고, 그 어떤 힘도 없다. 특히 호수와 같이 흐름이 없는 곳에 있으면 그 어떤 작은 돌멩이도 움직이지 못한다. 하지만 가파른 계곡에 있어서, 세차게 흐르게 되면 무거운 돌멩이들도 끊임없이 떠내려가게 할 수 있다.

우리의 인생도 호수 속에 있는 물과 같이 살게 되면 그 어떤 위력도 발휘하지 못하지만, 가파른 계곡과 같은 곳에서 떠내려오는 물과 같이 살게 되면 큰 힘을 발휘해 낼 수 있다. 여기에 열정의 본질이 숨겨져 있는 것이다.

열정이 없는 자는 고요한 호수 속의 물과 같고, 열정이 있는 자는 가파른 계곡에서, 심지어 천 길 낭떠러지에서 떨어지는 폭포와 같은 엄청난 위력을 가진 물과 같은 것이다.

열정이 이렇게 중요한 것이라면 열정이 없는 사람과 있는 사람의 차이는 무엇일까? 그것은 타고나는 것인가? 습관에 의해 만들어지는 것인가? 아니면 또 다른 무엇인가에 의해 간극이 벌어지는 그런 것인가?

그 차이와 간극을 만드는 것은 타고난 성격이 아니라, 지금 자기가 하는 일에 달려 있다. 자기가 지금 하는 일이 정말로 자기가 하고 싶은 것을 하는 사람은 그 누구보다 뜨겁고 열정적으로 살아간다. 하지만 자기가 지금 하는 일이 정말 하기 싫은 것이고, 재미없는 것이라면 그 사람은 절대로 열정적으로 살아갈 수 없다.

바로 이런 이유에서 '자기가 하고 싶은 일을 해야 하는 것'이다. 우리가 기르는 개조차도 하기 싫은 일을 시키면 미쳐버린다. 하물며 인간은 어떠하랴? 자기가 가장 하고 싶은 일을 하는 것이 자신에게 가장 큰 활력과 기쁨과 열정을 주는 가장 좋은 방법임을 우리는 명심해야 한다.

가장 창조적인 사람들, 가장 일을 잘 하는 사람들은 모두 자신이 하는 일을 하는 그 순간이 가장 즐겁고 가장 자신이 뜨거워지는 순간이라고 말한다. 그리고 이 말이 의미하는 것은 그런 사람들은 모두 자기 자신이 가장 하고 싶어 하는 일을 하는 사람들이라는 사실이다.

이 세상에 그 어떤 사람도 자신이 하기 싫은 일을 하면서 크게 대성한 사람은 단 한 명도 없다. 그렇게 할 때 그 어떤 열정도, 흥분도 절대로 일어나지 않기 때문이다.

역사상 두 번이나 노벨상을 받은 사람은 흔하지 않다. 그런데 두 번이나 노벨상을 받은 물리화학자인 라이너스 폴링(Linus Pauling)은 과연 어떻게 해서 그렇게 할 수 있었을까? 그는 재능이 남들보다 두세 배나 높았던 것일까? 일을 두세 배나 더 열심히 했기 때문일까? 아니다.

그는 남들보다 두 세배 더 뜨거운 열정을 가지고 있었기 때문이다. 그는 화학결합의 본질을 밝힌 업적으로 노벨화학상을 탔고, 핵실험 금지 운동을 포함하여 평화 운동으로 노벨평화상을 탔다. 그리고 그가 이렇게 할 수 있었던 것은 남들보다 더 뜨거운 열정을 가지고 있었기 때문이다.

" 무슨 일을 하며 살아가지? 나는 이런 걱정을 한 적이 없다. 그저 하고 싶은 일을 하면서 무작정 밀고 나갔을 뿐이다."

그의 이 말에서 우리는 그가 '하고 싶은 일을 하면서' 그리고 '무작정 밀고 나가면서' 살았다는 것을 알 수 있다. 이 짧은 말을 통해서 뿐만 아니라 그의 삶을 통해서 볼 때 그는 누구보다 더 뜨거운 열정을 가지고 살았다는 것을 알 수 있다.

그는 뜨거운 열정을 가졌기에, 화학자로, 사회운동가로, 분자생물학자로, 반전 반핵운동가로 왕성한 활동을 하면서 살아갈 수 있었다. 그 결과 그는 한 번도 받기 힘든 노벨상을 두 번이나 수상하는 그런 위대한 인물이 될 수 있었다.

　

－ 용기를 가져라. 용기가 모든 것을 말한다.

" 용기야말로 인간에게 첫 번째 덕목이다. 다른 모든 덕목을 보장해 주는 가치이기 때문이다."

고대 그리스 철학자이며 소요학파였던 아리스토텔레스의 말이다. 그는 [니코마코스 윤리학]에서 우리에게 다음과 같은 매우 중요하고도 근본적인 질문을 과감하게 던진다.

" 좋은 삶이란 과연 무엇인가?"

그리고 그는 말한다. 좋은 삶이란 '좋은 행위를 지속적으로 해 나가는 삶'이라고 말이다. 연속된 좋은 행위로 가득 차 있는 삶이 최고선이며, 행복, 즉 에우다이모니아(eudaimonia)라고 말한다.

아리스토텔레스는 이 책을 통해 행복하게 사는 방법은 덕인 아레테(arete)를 가져야 가능하다고 말한다. 그리고 그 아레테는 결국 탁월함이라는 것이다.

아리스토텔레스가 말하는 덕은 결국 각자의 고유한 본성과 기능이 최대한 잘 발휘될 수 있도록 하는 것을 의미한다. 가령 교수는 교수로서 학생들을 가장 탁월하게 가르치는 것이 교수의 덕이며, 배우는 연기를 탁월하게 하는 것이, 정치인은 정치를 탁월하게 하는 것이, 학생은 공부를 탁월하게 하는 것이, 군인은 전투를 잘 하는 것이다.

이렇게 각자가 자신의 분야에서 최고의 덕을 가지고, 탁월함을 유지하며 행복한 삶을 살기 위해 필요한 것이 행위와 노력이다.

자신의 행위를 통해 최대한 최고의 삶을 살기 위해서는 무엇보다 용기가 가장 근본적인 토대가 되어 주어야 한다. 용기가 없다면 아무리 좋은 전략과 전술, 전투력을 가지고 있다 해도 군인은 적을 공격하지 못하고 싸워보지도 못하고 패하게 되기 때문이고, 용기가 없다면 아무리 좋은 학식과 능력을 갖추고 있다 해도 타인들 앞에서 과감하게 그것들을 말 하거나 보여 주지 못하기 때문이다.

얼마나 많은 재능과 능력을 갖춘 사람들이 용기가 부족해서 절호의 삶의 기회를 놓치고 후회를 하였던가?

다른 모든 것이 있다 해도 용기가 없다면 그 다른 모든 것을 사용조차 못 하게 되는 경우가 너무나 많으므로, 용기가 모든 것을 대변하는 것이라고 말해도 과언이 아닐 것이다.

이렇게 용기가 후회하지 않는 삶을 살고, 성공적인 삶을 살기 위해서는 필요한 것이라는 사실을 위대한 인물들은 너무나 잘 알고 있었다.

어린 시절 낙제생에 불과했던 윈스턴 처칠은 정치와 전쟁에서 포기나 후퇴를 모를 정도로 용기 있는 모습을 보여 주었다. 그는 또한 정치인으로는 드물게 노벨 문학상까지 받는 업적을 달성했다.

그가 그러한 화려한 삶을 살아갈 수 있었는데 그것은 무엇보다 용기의 역할이 컸다고 할 수 있다. 그는 ' 용기는 으뜸가는 덕목이다. 다른 덕목은 용기에 의존할 뿐이다.' 라는 말을 하기도 했다.

'인생은 과감한 모험이다. 그렇지 않다면 의미가 없다' 라고 말한 헬렌 켈러에게 용기가 없었다면, 그래서 자신의 장애를 탓하면서 아무것도 시도하지 않았다면 우리가 알고 있는 위대한 헬렌 켈러는 존재하지 않았을 것이다.

유명한 시인 폴 발레리도 역시 용기의 중요성에 대해 다음과 같이 말한 적이 있다. '용기를 내어 그대가 생각한 대로 살지 않으면 사는 대로 생각한다.' 이 말처럼 용기가 없다면 아무리 좋은 생각을 해도, 아무리 좋은 전략이나 전술이 있다 해도, 그것대로 살아내지 못하게 된다. 그래서 용기가 무엇보다 중요한 것이다.

"후회할 것인지 아닌지는 우리가 살면서 얼마나 용기를 내었는지 아닌지에 의해 결정될 것이다."

나는 이 말을 삶의 중요한 갈림길에 서 있는 사람들에게 꼭 해 주고 싶다. 10년 후 후회하지 않는 내 인생을 맞이할 수 있게 되기 위해서는 용기가 필요하다.

"인생은 용기에 비례해서 성장하거나 도약하거나 혹은 몰락하게 된다."

당신의 지금 현재의 인생이 도약했다면 그것은

당신에게 재능이 있어서가 아니라 용기가 있었기 때문일 것이다. 그리고 반대로 당신의 지금 인생이 몰락한 것과 다름없이 별 볼 일 없는 그런 인생이라면 그것은 당신이 무능해서가 아니라 용기가 없었기 때문이라고 말할 수 있다.

인생을 살아가기 위해서는, 그것도 후회하지 않는 인생을 10년 후에 맞이하기 위해서는 두려워도 나아갈 줄 알아야 하고, 힘들어도 끝까지 갈 줄 알아야 한다.

두렵고 힘들고 지쳤다고 며칠 동안만 그러한 현실에서 도피할 수 있는 그런 휴식과 위안은 진정한 해결책도 아니며, 구원도 아니다. 참된 제대로 된 해결책은 차갑고 힘겨운 현실과 어둡고 쌀쌀한 새벽공기를 가르며 한 발 한 발 앞으로 내디디며 전진해서 나갈 수 있는 용기에서 비롯된다.

우리가 후회하지 않는 인생을 살기 위해서 우리에게 가장 필요한 것이 용기인 이유는 무엇일까?

‘ 누군가가 이미 만들어놓은 타인의 인생길에
서 벗어나야 한다. ‘

바로 이것이 우리에게 용기가 필요한 가장 큰 이
유라고 나는 생각한다. 누군가가 이미 만들어놓
은 타인의 삶과 인생길에서 벗어났는가? 그 길에
서 벗어나지 않는 한 아무리 열심히 살아간다 해
도 남는 것은 후회뿐이라는 사실은 자명한 사실
이다.

우리가 용기를 내야 하는 이유 중의 하나는 우
리가 용기를 내고 무엇인가를 시작할 때 우리가
그 일을 할 수 있는 자라는 사실에 대해 알 수 있
게 되기 때문이다. 우리가 용기가 없어서 아무것
도 시도조차 해 보지 못 하는 사람들은 자기 자신
이 하늘을 날 수도 있으면서 평생 땅 위에서 기어
다니다가 인생을 다 허비하는 유형의 사람들일
수 있다.

이것보다 더 큰 인생의 낭비가 또 어디 있을
까? 미국의 철학자이며 시인인 랄프 왈도 에머슨

(Ralph Waldo Emerson)도 이런 사실에 대해 이런 말을 한 적이 있다.

　" 누구든 교육을 받다 보면 다음과 같은 확신에 이르는 순간이 있다……. 모방은 자멸에 이르는 길이다. 광활한 우주에 좋은 것이 아무리 넘쳐 나도 자신에게 주어진 밭뙈기를 고생해서 갈지 않으면 배를 채울 옥수수 한 알도 얻을 수 없다. 그 사람 안에 존재하는 힘은 본래 새로운 것이니, 자신이 무슨 일을 할 수 있을지는 오로지 자신만이 알 수 있다. 하지만 스스로 시도해 보지 않고서는 그마저도 알 수 없다." < 로버트 그린, [50번째 법칙], 92쪽 인용한 내용 재인용 >

　그의 말처럼 우리가 무엇을 할 수 있는지는 오로지 자신만이 알 수 있다. 그리고 그마저도 우리가 용기를 내어 시도해 보지 않고서는 도저히 알 수 없다. 용기가 모든 것을 대변한다는 의미는 바로 이런 의미이다.

　용기가 없는 사람은 아무것도 아니다. 그 어떤

일도 해낼 수 없기 때문이다. 용기가 없는 사람치고 위대한 인물이 되고, 위대한 인생을 살았던 인물은 한 명도 없다. 용기가 없는 사람에게 운 좋게 주어진 많은 재능과 지능은 결국 쓰레기와 다를 바 없는 무가치한 것이다.

자신에게 주어진 재능이나 지능은 돈으로 환산할 수 없을 정도로 큰 값어치가 있는 것들이다. 하지만 용기가 없는 자들에게는 그러한 재능이나 지능이 아무짝에도 쓸모없는 전시용에 불과한 것들로 전락하게 된다.

누군가가 죽어서 신 앞에서 심판을 받게 된다면 얼마나 많은 돈을 벌고, 얼마나 많은 성공을 했는지에 관해 물어보는 것이 아니라, 자신에게 주어진 재능과 지능을 얼마나 많이 활용했는가에 관해 물어볼 것으로 생각한다.

성경에 나오는 달란트 비유도 이와 같은 맥락이라고 할 수 있다. 현대적인 감각에 맞게 스토리를 바꾸어서 말하자면, 세 달란트와 다섯 달란트 그리고 열 달란트를 주인에게서 받은 종들이 그것을 가지고, 어떤 종은 장사하여 두 배의 수익을 남기고, 어떤 종은 투자하여 세 배의 수익을 남겼다.

하지만 어떤 종은 자신이 받은 달란트를 가지고 아무것도 시도하지 않고, 자신의 금고 안에 넣어 두고 있다고, 주인이 다시 돌아왔을 때 그것을 고스란히 내놓았다. 주인은 아무것도 하지 않은 그 종을 심하게 질책했다.

우리의 인생도 이와 다르지 않다. 물론 실패도 하고, 손해도 볼 수 있다. 하지만 아무것도 하지 않고 금고 속에 넣어 두라고 우리에게 재능이나 지능이 부여된 것은 아니라는 사실을 확실하게 알아야 한다.

' 왜 그토록 유학하고, 그토록 열등한가? 너희 가슴에는 왜 그토록 많은 부정과 거부가 있는가?' '단호해져라' '자기를 뛰어넘어라,' 니체의 이 주문처럼 우리가 과거의 자신을 뛰어넘어 새로운 인생을 창조하기 위해서는 용기를 가져야 한다. 자! 이제부터 용기를 가지자.

– 위대함은 비교될 수 없다.

" 자기 자신을 고집하고, 절대로 남을 흉내 내지 마라. 모든 위대한 사람은 독특하다."

'콩코드의 철학자' 로 불리는 미국의 철학자이자 시인인 랄프 왈도 에머슨(Ralph Waldo Emerson)은 타인과 비교하는 것과 남을 흉내 내는 그런 삶은 절대로 살지 말라고 설파한다. 모든 위대한 사람들을 살펴보면, 그의 말처럼 매우 독특하고 차별화되는 점을 가지고 있다는 사실을 알 수 있다.

피카소가 위대한 천재 화가인 이유는 이 세상에 피카소와 같은 화가가 없기 때문이고, 셰익스피어가 위대한 작가인 이유는 이 세상에 셰익스피어와 같은 작가가 없기 때문이고, 스티브 잡스가 위대한 혁신의 아이콘인 이유는 이 세상에 스티브 잡스와 같은 혁신가가 없기 때문이다.

모든 위대함은 비교될 수 없다. 그런 점에서 모든 위대한 사람도 역시 비교될 수 없는 것처럼 모든 위대한 삶도 비교될 수 없다. 그렇기 때문에 당신이 위대한 삶을 살고 싶다면 타인을 흉내 내는 삶을 멈추고, 자기 자신만의 삶을 고집해야 한다.

사람들이 가장 많이 후회하게 되는 것 중의 하나는 자기 자신의 삶을 살지 못한 것이다. 아무리 많은 돈을 벌고, 아무리 높은 직위에 올라간다 해도 자기 자신의 삶이 아니라 타인의 삶을 흉내 내는 삶이라면 그것에는 그 어떤 의미도, 가치도 없는 것이다.

당신 자신이 위대한 이유와 비밀은 당신이 다른 사람과 다르고 독특하다는 데 있다. 하지만 많은 사람은 자신의 이 위대함의 본질인 독특함을 애써 사장해 버린다. 그래서 남들과 하나도 다르지 않은 길거리에서 쉽게 만날 수 있는 수많은 평범한 사람들 중의 한 명이 되고자 노력한다.

그렇게 노력할수록 자신은 위대함에서 멀어지고 있는 것이며, 평범함으로 다가서고 있다는 사실을 인식하지도 못한 채 말이다.

당신의 최고의 가치는 당신이 독특하다는 데 있다. 남과 다르다는 것이 최고의 경쟁력이다. '넘버 원' 보다 더 이 세상이 필요로 하는 사람은 유일무이한 '온리 원' 인 바로 당신이다.

위대함이 위대한 이유는 평범하지 않기 때문이다. 그리고 그것이 의미하는 것은 남과 같은 방식으로 일을 하지 않고, 남과 같은 방식으로 살아가지 않고, 남과 같은 일을 하면서 살아가지 않는다는 것을 의미한다.

같은 일을 반복하거나, 같은 방식으로 일을 할 때 남과 다른 결과를 기대할 수 없기 때문이다. 이런 이유에서 위대함은 절대 비교될 수 없는 것이며 동시에 남과 달라야 한다. 다른 인생을 살고 싶다면 같은 일을 반복하거나 같은 방식으로 되풀이해서는 안 된다.

위대함도 이와 다르지 않다. 위대함을 갈망한다면 다른 방식과 다른 일에 관해 먼저 탐구해야 할 필요가 있으며, 남의 방식과 기존의 모든 것을 과감하게 파괴해야 하고, 벗어나야 한다. 현대 무용의 역사라고 평가 받는 마사 그레이엄이 바로 그런 유형의 인물이다.

" 그 날은 내 인생의 가장 위대한 순간이었다. 그날은 환희에 가득 차 있었다. 내 몸이 그 찰나에 반응했고, 나는 참을 수 없었다. 마치 신이 내 몸에 내린 듯했다. 그 순간이 나를 그 손아귀에 꼭 움켜쥐었다. 나는 꼼짝할 수 없었다. 아, 두 개의 눈동자가 도중에서 딱 마주친 것 같은 전율, 순식간에 마법에 빠져 어쩔 수 없는 상황, 내게 그 순간은 바로 그러했다."

< 51쪽, 구본형, [깊은 인생] >

마사 그레이엄이 열일곱 살 때 로스앤젤레스 오페라 하우스 앞에서 그곳에서 공연하는 무용의 포스터를 보고 자신이 평생 무엇을 하며 살아야 하는지를 깨닫는 순간이었다. 거장들의 삶에서 밝혀낸 창조성의 조건에 관해 서술한 책인 [열정과 기질]이란 책에 보면, 공연을 보면서 자신의 운명이 확고하게 결정됐다고 하는 대목이 나온다.

" 그레이엄은 다양한 여신의 모습으로 나타나 홀로 춤추며 무대를 휘어잡는 매혹적인 여인의 모습에 넋이 나갔다. 장엄하고 화려한 옷차림과 표정이 풍부한 눈, 인상적인 모습에 혼을 빼앗길 정도였다. '그 순간 내 운명은 결정되었다. 나는 여신처럼 춤추는 법을 배우는 것을 더 이상은 기다릴 수가 없었다'라고 훗날 그녀는 회상했다." < 471~472쪽, 하워드 가드너, [열정과 기질] >

어쨌든 그녀의 결심은 곧바로 이행되지 못했다.

그녀의 결심은 누구보다 매우 확고한 것이다. 하지만 엄격한 청교도인 이셨던 아버지의 반대로 곧바로 무용을 시작할 수 없었다.

 하지만 그녀는 무용에 대한 꿈을 포기하지 않았고, 결국 무용을 하기에는 너무도 늦은 나이인 스물두 살 때 무용학교에 입학하게 된다. 하지만 그녀는 남과 다른 방식, 남과 다른 무용을 추구했다.

 그래서 대부분 위인이 세상으로부터 받게 되는 조롱을 그녀도 받았다. '고전 무용에 무지하고 추한 형식과 증오에 찬 정신으로 몸을 사용한다.'와 같은 조롱을 받았고, (같은 책 485쪽 참조) 심지어 '마사의 현대 무용을 관람하고는 이런 게 현대 무용이라면 더 이상은 보고 싶지 않아'라고 말하는 사람도 있었다. (같은 책, 484쪽)

 하지만 그녀는 굴복하지 않았다. 자신만의 길을 개척했다. 무용은 아름답고 우아해야 한다는 기

163

존의 고정관념을 그녀는 거부했다.

하지만 그녀는 무용을 종합 예술로 끌어올렸고,
새로운 자기만의 무용을 개척했다. 결국, 그녀는
현대 무용을 거의 혼자 힘으로 창조해 낸 '현대
무용의 개척자'가 되었다. 그녀는 70살이 넘은
나이에도 무대 위에서 춤을 추고, 평생 200편에
가까운 많은 작품을 만들어냈다.

다작가였던 파블로 피카소와 닮았고, 그녀가 20
세기 현대 무용에 끼친 영향은 미술계에서 피카
소가 끼친 영향과 맞먹는 것이었다. 그녀가 위대
한 현대 무용의 거장이 될 수 있었던 이유 중의
하나는 그녀는 남과 비교하는 것, 남을 쫓아가는
것, 남을 흉내 내는 것을 거부했기 때문이라고 할
수 있다.

무엇보다 그녀는 남과 비교되는 것을 싫어했고,
평범한 것을 싫어했다. 그녀는 이런 말을 하기도
했다.

" 세상의 유일한 죄악은 평범해지는 것이다."

타임지가 선정한 '20세기 가장 위대한 미국인 100명' 에 선정되기도 한 그녀는 위대함이 어떤 것인지에 대해 본질을 깨닫게 해 주는 인물임이 틀림없다.

그녀가 남과 비교되기를 바라고, 남과 같은 방식을 추구했고, 기존의 고전 무용을 그대로 답습하기만 했다면 현대 무용과 지금 우리가 알고 있는 '현대 무용의 전설' 은 존재조차 하지 않았을 것이다.

' 나는 정상에 오를 것이다. 누구도 아무것도 나를 막을 수 없다. 그리고 나는 홀로 그 길을 갈 것이다.' 라고 결단한 그녀는 남과 다른 방식, 남과 다른 무용을 찾고 개발하고 개척하는 데 모든 에너지를 쏟아부었다.

미국의 루스벨트 대통령은 '성공한 보통 사람

은 천재가 아니다. 평범한 자질을 가지고 있었을
뿐이다. 그러나 그 평범함을 비범하게 발전시킨
사람' 이라고 말한 적이 있다. 그녀가 바로 이런
유형의 사람이다.

그녀가 남과 같은 방식, 남과 같은 무용을 거부
하지 않았다면 전설이라 불릴 정도로 한 명의 안
무가가 창조한 작품으로 그 규모가 최대이고, 독
창성과 다양성이 보는 사람들의 외경심을 불러일
으킬 정도의 작품들을, 그것도 무려 200편에 이
르는 작품들을 창작하지 못했을 것이다.

이런 점에서 위대함은 비교될 수 없는 것이며,
비교하려고 해서도 안 된다. 위대함은 본질은 차
별화에 있기 때문이다.

– 성공하는 사람은 모두 열정을 가지고 있
다.

" 열정을 갖고 하나만을 억척스럽게 물고 늘어
지는 사람만이 어떠한 일이든 성취해 낼 수 있
다."

현대 경영학의 창시자로 추앙받고 있는 피터 드
러커 박사의 이 말은 후회하지 않는 내 인생을 살
아가기 위해 필요한 삶의 자세이다. 음악의 신동
이나 천재들조차도 열정을 갖고 하나만을 억척스
럽게 물고 늘어지는 사람이었다.

우리는 이러한 사실을 하워드 가드너의 [열정과
기질]이란 책을 통해서도 쉽게 알 수 있다. 창조
적인 인물들에 관하여 연구한 결과 그는 '10년
규칙'을 발견해 낼 수 있었다.

" 앞에서 언급한 대로 나는 창조적인 인물에
관해 연구하면서 '10년 규칙'을 발견했다. 즉,
창조적인 인물은 한 분야에서 10년 정도 종사한
후에 혁신적인 도약을 이루어내며, 이후에는 다
양한 요인에 따라 새로운 도약을 이루어내기도
하고 그렇지 않기도 한다. 프로이트는 이 규칙의

첫 부분에 정확히 들어맞는다. [꿈의 해석]은 그가 샤르코의 임상 교실에서 견습 생활을 시작한지 거의 정확히 10년 만에 탄생한 업적이다." < 161쪽, 하워드 가드너, [열정과 기질] >

당신이 능력이 있든 없든, 돈이 있든 없든, 빽이 있든 없든 당신이 성공하기 위해서 가장 필요한 것은 열정이다. 열정은 당신이 무엇을 하려고 선택을 할 때, 그것이 무엇이라도 그것을 완수하기 위해서 가장 필요한 것이다.

열정이 없는 사람은 한 가지를 억척스럽게 물고 늘어지지 못할 뿐만 아니라 이것과 같이 중요한 매 순간 모든 에너지를 쏟아부을 정도로 온 힘을 다하지 못하기 때문이다. 열정이 없는 자는 적당히 하고, 적당히 살아간다. 그래서 평범한 사람에 머물게 되는 것이다.

열정이 있는 자는 이와 다르다. 최선을 다하고, 온 힘을 다하고, 끝까지 다한다. 그 결과 최고가 되고, 성공에 한 발짝 더 가까워지는 것이다.

영화 [글래디에이터(Gladiator)]로 유명했던 배우 러셀 크로(Russell Crowe)는 대본을 보고 나서 온몸이 떨리지 않으면 영화를 찍지 않는다고 한다. 그는 자신이 열정을 가지는 영화, 즉 자신이 먼저 열광하는 영화가 아니면, 아무리 만들어도 좋은 결과를 얻지 못한다는 것을 알고 있기 때문이다.

자신이 가장 큰 열정을 느낄 수 있을 때, 최고의 작품을 만들 수 있고, 최고로 혼신을 힘을 다해 영화를 찍을 수 있기 때문이다. 그는 그렇게 열광하는 영화만을 만들기 때문에 그의 작품에 우리는 모두 열광하게 되어 있는 것이다.

"나는 연기를 정말로 사랑한다. 나는 연기에 엄청난 열정을 갖고 있다."

그가 가진 엄청난 연기 열정, 바로 이것이 그가 아카데미 남우주연상을 받을 수 있게 해 준 원동력이다.

골프의 황제 타이거 우즈도 그가 대성할 수 있었던 것은 골프에 대한 남다른 열정 때문이었다고 할 수 있다. 그도 역시 러셀 크로와 비슷한 말을 했다는 것을 아는가?

"나는 정말로 골프를 사랑한다. 나는 골프공 맞추는 것을 사랑했다."

이처럼 성공한 사람들은 타인이 아니라 자신이 좋아하고 열광하는 것을 했다는 공통점이 있다. 그렇게 자신이 좋아하는 것을 할 때 성공도 찾아와서 손을 내밀기 때문이다.

삶이 어렵고 힘들고, 기업 경영이 어렵고 실패만 되풀이하는 것은 모두 한 가지 공통점이 있다. 바로 열정이 부족하기 때문이다.

열정만으로 성공한 기업가가 있다. 바로 난독증으로 글과 재무제표도 읽지 못하고, 학창시절에는 최하위 성적으로 간신히 고등학교를 턱걸이하여 졸업한 리처드 브랜슨이다.

그는 자신의 삶이 전부 열정에 가득 차 있는 인물이다. 그는 열정을 가지고 '고객에게 최고의 경험을 준 결과' 그리고 자기 자신의 모든 에너지와 즐거움을 끄집어내고, 그것을 경영으로 승화시킨 결과 큰 성공을 할 수 있게 되었다고 말한다.

그에게 비즈니스는 자기 생각에 솔직해지는 것이고, 자신의 본질에 가까워지는 것이다. 그리고 그것은 바로 열정이다.

"나는 가슴이 이끄는 대로 살고, 새로운 것에 도전하며, 상상한 것을 실현한다. 내 꿈과 열정에 솔직한 것, 그것이 내 삶이고 경영이다."

그의 삶은 한 마디로 그의 꿈과 열정에 솔직한 것이다. 그는 열정에 충실하였고, 그 결과 누구보다 멋진 삶을 살아가고 있는 성공 인물이 될 수 있었다. 그가 평범함을 거부한 채 자유분방함을 마음껏 즐길 수 있었던 것은 그가 남다른 열정을 소유한 인물이었기 때문이다.

열정이 그에게 있었기에 그는 영국의 스티브 잡스라는 별명을 얻을 정도로 영국에서 가장 성공한 기업가 중의 한 명이 될 수 있었다.

물론 열정을 가지고 있다고 모든 사람이 성공하는 것은 아니다. 하지만 성공한 모든 사람은 전부다 열정을 가지고 있는 사람들이다.

시련이 크면 클수록 가슴이 뛰는 사람들, 길이 험하면 험할수록 피가 끓는 사람들, 과제가 어려우면 어려울수록 전율을 느끼는 사람들, 일이 많으면 많을수록 환희를 느끼는 사람들, 목표 달성이 멀면 멀수록 갈망을 느끼는 사람들 이런 사람들이 열정을 가진 자들이며, 이런 사람들은 어떤 일을 해도 열정이라는 기세를 이용하여 반드시 해내고야 마는 사람들이다.

이런 사람들은 고난을 회피하거나 두려워하지 않는다. 고난을 더욱더 사랑하고, 더욱더 반긴다.

이런 사람들의 최상의 기쁨은 목표를 달성했을 때가 아니라, 고난을 극복해 내는 순간이다.

열정을 가진 자들에게 가장 큰 기쁨은 자신이 가진 열정으로 거대한 고난과 시련과 문제를 극복해 내는 순간이며, 그러한 과정에 있는 것이다. 마치 니체의 이 말처럼 말이다.

" 등산의 기쁨은 정상에 올랐을 때 가장 크다. 그러나 나의 최상의 기쁨은 험악한 산을 기어 올라가는 순간에 있다. 길이 험하면 험할수록 가슴이 뛴다. 인생에 있어서 모든 고난이 자취를 감췄을 때를 생각해 보라! 그 이상 삭막한 것이 없으리라."

성공 그 자체가 인생에 큰 기쁨과 환희를 주는 것이 아니다. 자신을 넘어서는 그 과정이 우리에게 더할 나위 없는 큰 기쁨과 환희를 주는 것이다. 그런 점에서 우리의 인생을 더 풍요롭게 하고, 후회하지 않게 해 주는 것은 성공이 아니라 뜨겁게, 열정적으로 행동하고 살아가는 그 과정이라고 할 수 있다.

  성공하는 사람들은 성공 그 자체보다, 뜨거운
그 순간과 과정에 중독된 사람들이고, 그 맛을 아
는 사람들이었다고 말할 수 있다. 세상을 살면서
그런 순간을 많이 맞이하며 살아가는 사람만큼
행복한 사람은 없을 것이다.

  그러한 삶을 살고자 한다면 열정을 가져야 한다.
열정적으로 살아갈 때 그러한 순간을 맞이하게
되기 때문이다. 부정보다는 긍정이 낫다. 하지만
아무리 긍정하고 있다 해도 뜨겁게 열정적으로
살아가는 사람들보다 못하다.

  그러므로 부정보다는 긍정이 낫고, 긍정보다는
열정이 더 낫다고 할 수 있다. 우리의 행동이 직
접 영향을 미칠 수 있는 시간은 바로 지금 이 순
간뿐이다. 그런 점에서 지금 이 순간 자신을 완전
히 바치고 몰입할 수 있는 자가 열정이 넘치는 자
라고 할 수 있다.

아무리 긍정을 하고 미래를 내다본다 해도, 지금
이 순간 자신을 완전하게 바치고 몰입하지 못 하
는 사람들은 그 어떤 것도 이루지 못한다. 열정이
있어야 하는 이유는 열정이 있는 자들만이 시작
할 수 있고, 몰입할 수 있고, 자신을 완전하게 지
금 이 순간 바칠 수 있기 때문이다.

" 모든 시작과 창조의 실행에 있어 한 가지
기본적인 진리가 있는 데,

그것을 모르면 수많은 아이디어와 빛나는
계획이 죽어 버린다.

그 순간에 자신을 완전히 바치고 몰입하면,
그 후에 신의 섭리가 움직인다는 진리이다.

그리하지 않았다면 절대로 일어날 법하지
않을 일들이 정말로 눈 앞에 펼쳐진다.

그 결심으로부터 흘러나온 모든 사건은 강
물이 되어 흐르고,

우연한 사건, 우연한 만남, 우연한 도움들
이 모두 우리에게 유리하게 돌아간다.

그 누구도 자기에게 오리라고 꿈도 꾸지 못
했던 것들도 다 내 편이 된다."

괴테의 이 명언대로, 열정이 있는 자는 그 순간에 자신을 완전히 바치고 몰입할 수 있는 자이다. 그리고 그런 사람에게 이 세상도, 신의 섭리도 움직이는 것이다.

　－ 뜨거워야 세상이 움직이고 자기편이 된다.

" 지금까지 인류가 이룩해놓은 위업 중에 열정 없이 이루어진 것은 없다."

미국의 철학자이며 시인인 랄프 왈도 에머슨의 이 말처럼 열정은 불가능한 것들을 가능하게 해주는 힘이 있다.

세상에서 그리고 인생에서 가장 큰 기쁨은 우리가 할 수 없다고 세상이 말하는 바로 그것을 보란 듯이 해내는 것이다. 그러한 순간은 우리에게 전율과 흥분과 열광과 환희를 선사한다. 하지만 그러한 일을 해낼 때보다 더 큰 전율과 환희와 열광과 흥분을 경험하고 살고 싶다면 무엇보다도 뜨겁게 살면 된다.

뜨겁게 산다는 것은 어떻게 사는 것일까?

마크 트웨인은 '우리가 죽었을 때 장의사도 슬퍼하도록 멋지게 살자!'라고 말한 적이 있다. 그의 말처럼 우리가 살아가다 보면, 누군가를 알게 되고, 자신도 모르게 입에서 '나도 저 사람처럼 멋지게 살고 싶다'라는 말을 하게 되는 경우가 있다.

뜨겁게 산다는 것은 바로 이렇게 사는 것이다. 절대로 타인과 비교해서, 타인의 시선에 연연해서 살지 않지만, 타인들이 보고 전부 다 부러워하고, 멋지다고 말하는 그런 삶을 사는 것이 바로 뜨겁게 사는 것이다.

뜨겁게 사는 사람들은 세상과 많은 대결을 해야한다. 세상과 싸워서 이겨야 하고, 세상을 극복해야 한다. 그런 점에서 말 그대로 뜨겁지 않으면 차가운 세상에 이내 곧 굴복하고, 뜨거움을 잊게 된다.

뜨겁게 사는 사람들은 세상이 안 된다고 해도, 혼자서는 된다고 말해야 하고, 세상이 바보라고 해도, 스스로는 그래도 괜찮다고 생각해야 하고, 세상이 손해 보는 짓이라고 해도 그대로 상관없다고 말할 수 있는 사람들이다.

재미있는 사실은 세상이 이렇게 무시하고 욕을 하고 협박을 하지만, 결국에는 세상이 누구보다 더 뜨겁게 사는 사람들에게 열광을 하고, 흥분하고, 전율을 느끼며, 박수갈채를 보내게 된다는 것이다.

열기구가 하늘을 날 수 있는 이유는 열기구 안에 공기가 뜨거워졌기 때문이다. 열기구 안에 공기를 뜨겁게 하면 공기의 비중은 작아지므로 가벼워진다. 열기구 안의 공기가 가벼워지면 대기 중에서 상승 작용이 발생하게 되고, 바로 그 작용으로 열기구는 하늘로 올라갈 수 있게 되는 것이다.

우리의 인생도 이와 같아야 한다. 우리의 마음과 생각과 행동이 뜨거워야 우리의 삶이 가벼워질 수 있다. 삶이 가벼워질 때 우리는 중력의 힘을 극복하고 하늘로 날아오를 수 있게 되는 것이다.

뜨거워질 때 우리가 가벼워질 수 있고, 그로 인해 우리는 날아오를 수 있을 뿐만 아니라 행동과 생각이 빨라진다. 한 마디로 결단력이 있고, 민첩해진다는 것이다. 그것은 뜨거움이 우리에게 선사하는 또 하나의 유익함이다.

뜨겁지 않고 미지근한 사람일수록 우유부단하며, 행동이 굼뜨다. 그리고 이러한 사람은 치명적인 약점을 가지고 있는 것과 진배없다. 뜨거운 사람은 그 뜨거움으로 인해서 좌고우면하지 않는다.

한 번 하고자 결단한 것에 대해서는 누구보다

과감하게 실행에 옮길 수 있다. 그리고 누구보다 민첩하게 행동하고, 실천한다. 뜨거운 사람에게 있는 이러한 결단력과 민첩함은 인생을 살아가는 데 또 다른 하나의 경쟁력일 뿐만 아니라 이 세상을 움직이게 하고, 세상을 자기편으로 만드는 작용까지 한다.

결단력이 있는 사람은 뜨거운 사람이다. 그 뜨거움으로 인해 결단하지 않고 우유부단하기란 더 어려운 일이기 때문이다. 결단력이 얼마나 중요한 것인지 잘 알 수 있게 해 주는 말이 다음의 이 말이다.

" 일이란 빨리 결단해야 한다. 오리(五里)를 걷는 동안 일을 결단할 수 있는 자는, 왕이 될 수 있는 자다. 구리(九里)를 걷는 동안 결단할 수 있는 자는, 왕은 될 수 없지만 강한 자임에는 틀림이 없다. 일을 결정하는 데 우물쭈물 날짜를 보내고 있다면 정치가 정체되기 때문에, 나라가 깎기는 결과가 된다."

중국의 법가 철학자였던 한비자(韓非子)의 이 말처럼, 결단력이 있는 사람은 왕이 되고, 장군이 될 수 있는 자격을 이미 갖춘 사람이라고 할 만큼 결단력은 매우 중요한 조건이다.

재능 있는 사람이 무능하게 되는 것도, 실패의 최대 원인도 결단력의 결여 때문임을 우리는 알아야 한다. 뜨겁지 않은 자는 그 어떤 것도 결단할 필요도 의지도 상실하게 되므로 더욱더 무능하게 되고, 그로 인해 실패하게 되는 것이다.

" 강한 자는 망설이지 않는다. 굳건히 자리를 잡고, 땀을 흘리며, 끝을 향해 나아간다. 잉크를 다 써서 없애고, 종이를 모두 써버린다. "

19세기 후반 프랑스의 소설가인 쥘 르나르(Jules Renard)의 이 말처럼 열정을 가지고 있는 자는 망설이지 않는다. 세상은 우유부단하지 않고, 주저함이 없는 사람들의 것이다. 그래서 망설이기보다는 오히려 실패하는 사람이 더 큰 성공을 하게 되는 것이다. 하지만 우유부단하고 결

181

단하지 못 하는 사람은 그 어떤 일도 해내지 못하는 사람으로 전락할 수밖에 없다. 재능이 아무리 많고, 지식이 아무리 있어도 말이다.

[좋은 기업을 넘어 위대한 기업으로(Good to great)] 의 저자인 짐 콜린스(Jim Collins)도 역시 스티브 잡스와 같이 빠른 의사 결정과 빠른 도전, 빠른 결단이 매우 중요하다는 사실을 잘 알고 있었던 사람 중의 한 명이었다.

" 유능한 경영인은 결정이 아무리 힘들고 어렵더라도 절대 미루지 않는다. 실패한 결정 10개 중 8개는 판단을 잘못해서가 아니라 '제때' 결정을 못 내렸기 때문에 실패한 것이다."

우리가 배워야 할 교훈은 완벽함을 추구하기보다는 빠른 결단과 빠른 행동이다. 주저함을 가져서는 안 된다. 뜨거운 불길은 절대 주저하지 않는다. 산불이 날 때, 불이 붙는 속도를 실제로 본다면 놀라지 않을 수 없을 것이다.

개인과 기업의 경쟁력의 핵심은 '스피드' 다. 이제는 강한 자가 승리하는 시대가 아니라 빠른 자가 승리하는 시대이다. 무엇보다 질질 끄는 것은 승리한다고 해도 상처뿐인 승리가 된다.

중국 춘추시대 오나라 합려(闔閭)를 섬기던 명장 손무(孫武, BC 6세기경)였던 손자 孫子가 2,500년 전에 저술한 [손자병법(孫子兵法)] 제2장 작전 편에는 다음과 같은 이야기를 한 적이 있다.

" 전쟁을 해서 이길지라도 시간을 오래 끌면 병기가 무디어지고 병사들의 사기가 떨어진다. 그리하여 군대가 성을 공격하면 곧 힘이 다하고, 또한 전투가 길어지면 나라의 재정이 바닥나게 된다. 병기가 무디어지고 군대의 날카로운 기운이 꺾이고 힘이 떨어지며, 나라 살림이 바닥나면 그 틈을 이용하여 이웃의 제후들이 일어날 것이다. 이렇게 되면 비록 지혜 있는 사람들이 있다 할지라도 사태를 수습할 수 없다. 그러므로 전쟁은 졸속으로 하는 한이 있더라도 빨리 끝내야 한다는 말은 들었어도, 뛰어난 작전치고 오래 끄는 것을 본 적이 없다. 무릇 질질 끄는 전쟁이 나라에 혜택을 준 적은 지금까지 없었다. "

뜨거운 이들은 빨리 실천하고, 빨리 실패한다. 그런데도 그들은 남들보다 더 큰 성공을 더 오래, 더 빨리, 하게 된다. 그것이 그들의 전략인 것이다.

위대한 사람들은 모든 뜨거움을 가지고 있다. 그래서 그 뜨거움은 조금이라도 멈추어 주저하게 하지 않는다. 끊임없이 불이 붙고, 불타는 것이 불의 속성이듯, 뜨거운 열정을 가진 자들은 도전하고 또 도전한다.

그들은 실패할수록 더 빨리 도전하고 더 많이 도전한다. 하지만 미지근한 삶을 살고, 무미건조한 삶을 사는 사람들, 평범한 사람일수록 도전도 늦다. 겨우 용기를 내어 도전해 보지만 실패로 끝이 난다.

그래서 평범한 이들은 어쩌다가 한 번 실패하면 그 이후로는 다시 도전하는 것이 여간 힘들지 않다. 또다시 도전한 다해도 시간이 너무나 많이 걸린다. 바로 이것이 성공하는 사람과 실패하는 사람, 뜨거운 사람과 미지근한 사람을 가르는 중요한 차이이다.

뜨거운 열정을 가지고 있다고 해서 모든 사람이 성공하는 것은 아니지만, 성공하는 사람들은 모두 뜨거운 열정을 가지고 있는 사람들이다. 성공하는 사람들은 모두 맹렬한 사람들이다. 그리고 이렇게 맹렬하고 열망을 가진 사람들은 모두 뼈아픈 경험을 한 적 있다는 점에서 공통점이 있다.

뼈아픈 실패 경험과 밑바닥 인생 경험은 최고의 인생에 대한 열망을 불러일으키고, 적당히 성공해서 사는 것에 대해 눈길도, 마음도 주지 않을 만큼 담대한 자신을 만들어 준다. 또한, 이러한 경험은 그 어떤 장애물을 만나더라도 절대로 물러서거나 멈추지 않게 해 준다. 이러한 경험은 소극적이고 조심스러웠던 당신을 용맹스럽고 적극적이고 무엇보다 뜨겁고 열정적인 사람으로 변신시켜 준다.

[군주론]의 저자인 정치 사상가 니콜로 마키아벨리는 운명에 굴복당하지 않고, 운명조차 굴복시킬 수 있는 사람은 소극적이고 조심스러운 사람이 아니라고 말한다.

" 내 견해로는……. 조심스러운 것보다 맹렬한 편이 더 낫다.

운명이란 여자와 같아서 정복하고 싶다면 굴복시켜야 한다.

운명은 조심스럽게 접근하는 사람보다는 맹렬한 사람들에게

자신을 차지하도록 허용할 게 분명하다. "

운명과 마찬가지로 우리의 인생도 이와 같을 것이다. 특히 10년 후에 후회하지 않는 내 인생을 맞이하고자 하는 사람들은 꼭 명심해 두어야 할 말이 아닐 수 없다. 오늘부터 뜨겁고 맹렬하게 삶을 불태워 보자.

뜨겁고 맹렬한 삶, 자기 자신을 무엇인가를 위해 다 태워버릴 수 있는 사람은 결코 후회라는 것이 남아있는 그런 삶을 살아갈 수 없다. 뜨겁고 맹렬한 삶에는 후회의 여지조차도 다 태워버리기 때문이다.

이러한 삶이 멋진 삶이라는 것은 두말할 필요조차 없을 것이다. 꼭 성공해서 부와 명예를 얻고, 출세하고, 권력을 얻고, 인기를 얻는 것이 멋진 삶은 아니다. 그것은 자신의 삶을 누구보다 맹렬하게, 뜨겁게 살아가는 사람들에게 주어지는 부수적인 결과물이다.

- 평생 월급에만 만족하는 삶에서 벗어나라.

" 최고의 직원을 정의하는 자질은 무엇인가? 그것은 열정이다.
성공하는 사람들의 공통적인 특징은 열정이다."

그 시대에 맞는 삶의 방식이 있다. 20세기에는 평생직장이 삶의 하나의 좋은 방식이었다. 그래서 정말 좋은 직장을 구하기만 하면 평생 먹고 사는 것은 걱정하지 않아도 되던 시절이 있었다.

하지만 21세기에는 패러다임이 바뀌었다. '평생직장'이 아니라 '평생 일자리'라는 패러다임이 서서히 우리들의 의식과 삶에 영향을 주기 시작했다. 세상도 너무나도 빠르게 급변하고 있다. 40대가 되기 전에 회사에서 나와서 벌써 두세 번 회사를 바꾼 사람들도 적지 않다.

40대를 넘겨서 회사에서 임원까지 했다고 해도 문제는 여전히 존재한다. 임원이 되든, 사장이 되든 인간의 평균 수명이 80세를 넘어서 매우 길어졌기 때문이다.

아무리 화려한 직장 생활을 한다 해도, 40대나

50대부터 80대나 90대까지 자기만의 일이 없는 사람은 자신의 삶을 뼛속까지 살아내지 못한다. 그것이 가장 불행한 현실이라고 할 수 있다.

요즘은 시대가 젊어지고 있다. 그래서 60대라도 청춘이다. 그런데 40대 혹은 50대 때 회사를 나와서 자기만의 삶을 풍요롭게 해 주고, 충실하게 해 주는 그 어떤 일을 발견하지 못한 사람들, 하지 못 하는 사람들의 삶은 매우 비참할 수밖에 없다.

50대나 60대라도 자신의 용기와 의지로 삶을 충분히 개척해 나갈 수 있다. 하지만 30대나 40대 때, 심지어 직장을 다니고 있을 때 평생 월급에만 만족하며 사는 그런 마음 자세를 버리고, 자기 자신만이 할 수 있는 일을 찾아보고 준비하는 사람이 조금 더 나은 삶을 살아갈 수 있다.

그런 점에서 10년 후에도 후회하지 않을 인생을 맞이하고 싶다면 준비하는 삶을 꾸준히 살아가야 한다. 그리고 그렇게 하기 위해서는 무엇보다도 평생 월급에만 만족하는 삶의 자세와 그런 삶에서 벗어나야 한다.

실력이 뛰어나서 슈퍼급 핵심 인재에 포함된다 해도 자만해서는 안 된다. 그런 사람도 40대나 50대 때는 오히려 더 쓸모가 없어질 수 있다. 30대와 40대 초반까지는 자기 자신만 잘 하면 된다. 하지만 직급이 올라갈수록 회사에서 필요로 하는 능력은 개인의 실력이나 기술이 아니라 사람을 관리하고, 팀을 이끌어가는 리더십이다.

이러한 리더십은 한때 잘 나갔던 슈퍼급 핵심 인재들에게 당연히 있을 그것으로 생각해서는 안 된다. 오히려 모든 것을 다 잘 할 수 있는 그런 사람이 없는 것이 세상의 이치이기에 없는 경우가 더 많다고 할 수 있다.

우리가 실력이 없든, 실력이 있든 10년 후 후회하지 않는 내 인생을 살기 위해서는 지금 다니는 직장과 월급에 만족하는 삶을 살아서는 안 된다. 그리고 미래의 평생 일자리를 위해서 조금씩 준비해 나가야 한다.

문제는 그렇게 해 나가려고 할 때 필요한 것이 바로 열정이 있어야 한다는 것이다. 그저 대충 적당히 한평생 살아가려고 하는 사람에게는 열정이 있을 수가 없다. 그리고 그런 사람들은 자기 생각대로 그렇게 적당한 삶을 살아간다. 하지만 문제는 세상이 그렇게 호락호락하지 않다는 것이다.

대기업 총수들이 투신자살하고, 카이스트라는 명문대의 수재들이 4개월 동안 4명이 자살을 하고, 정치인과 인기 연예인들이 최정상의 자리에 오르기도 했던 그들이 자살하는 것은 이 세상이 그렇게 호락호락하지 않다는 것을 단적으로 잘 나타내 준다.

어쩌면 후회하지 않는 삶을 산다는 것은 큰 성공을 하고, 큰돈을 벌고, 목적을 달성하고, 눈부시고 화려한 인생을 보란 듯이 살아가고, 어떤 분야에서 거장이 되고, 최고가 되어 살아간다는 것보다 더 중요한 것인지도 모른다.

그것은 큰 성공을 해도, 큰 부자가 되어도, 세계를 정복한 정복자가 되어도, 최고의 권력을 가진 자로 살아도 후회하는 삶을 사는 사람들이 적지 않기 때문이다. 프랑스의 전쟁 영웅 나폴레옹도 이와 다르지 않다.

그가 자신의 입으로 했던 말을 보라. 그는 세상을 다 정복한 위대한 정복자였다. 누구보다 용감했고, 누구보다 대담했다. 하지만 그는 후회하는 삶을 살았다. 위대하고 성공적인 삶이라고 해서 후회하지 않는 삶이라고 생각할 수 없다는 사실을 그는 우리에게 보여 준다.

" 내가 행복했던 날은 엿새도 되지 않는다."

후회하는 삶을 살았던 사람들은 대부분 인생의 말로가 비참하다. 자신이 이룬 성공보다 후회가 더 크게 자신에게 작용하기 때문이다. 하지만 어렸을 때부터 남들보다 더 불행한 환경에 놓이게 되었던 헬렌 켈러 여사는 후회하지 않는 삶을 살았다.

" 난 너무나 아름다운 인생을 살았다. 내 인생에서 행복하지 않은 날은 하루도 없었다."

정말로 그녀의 삶은 후회하지 않는 삶을 보여 주었고, 그로 인해 우리는 그녀의 삶이 아름답고 가치 있는 삶이었다는 것을 깨닫게 되었다.

우리가 인생을 살면서 부와 성공보다 더 중요한 것은 후회하지 않는 삶을 살아가는 것이다. 그리고 그렇게 하기 위해서는 평생 월급에 만족해서는 안 되며 동시에 멋진 꿈이 없어서도 안 되며, 동시에 부나 성공에 너무 집착해서는 안 되지만, 아무 목표나 목적도 없어서는 안 된다.

한 마디로 성공한 삶을 사는 것보다 후회하지 않는 삶을 살아가는 것이 더 어렵다. 그래서 이 세상에는 성공한 사람보다 후회하지 않는 삶을 살아가는 사람이 더 적은 것이다.

당신은 어떤가?

누군가가 성공적인 삶을 살지 못했다면 그것은 외부의 환경이나 불운 때문이었다고 핑계를 댈 수 있을지도 모른다. 하지만 누군가가 후회하는 삶을 살았다면 그것은 전적으로 자신의 잘못이라고 할 수 있다.

후회하지 않는 삶을 살기 위해서는 가장 필요한 것은 현실에 만족하지 않고, 꾸준히 준비하는 삶을 살아가는 삶의 방식이다. 열정이 있는 자만이 현재의 좋은 월급이나 조건에 만족하지 않고, 더 뜨겁게 미래를 준비하기 위해 열정적으로 살아갈 수 있다.

평생 월급에 만족하며 살아가는 것은 자신이 잠재능력을 무시하는 행동이라고 할 수 있다. 그리고 그것은 자신의 뜨거운 활동 에너지이자 추진력인 열정을 사그라지게 하는 어리석은 삶의 자세이다.

후회하지 않는 삶을 살기 위해서는 항상 배고픈 자세를 유지해야 하고, 항상 갈망하는 삶을 살아야 한다. 현실에 안주하는 자에게는 미래가 없다. 현실에 만족하는 자는 더 나은 미래를 만들기 위해 뜨겁게 달려들지 않는다. 그래서 적당히 현실을 살아가는 자들은 뜨겁게, 열정적으로 현실을 살아가는 자들을 이해하지 못 하는 것이다.

" 나는 계속 나를 배우면서 나를 갖추어 나간다. 언젠가는 나에게도 기회가 찾아올 것이다. "

라고 말한 링컨 대통령은 후회하지 않는 삶을 살기 위해서는 어떻게 살아가야 하는지를 잘 보여 준다. 그는 40대 후반까지도 사업에 실패하고, 정치에 실패하고, 여러 가지 불행한 일들로 시련과 역경을 겪었던 인물이었다.

인생을 성공과 실패, 부와 가난, 업적과 결과로만 평가한다면 링컨만큼 인생의 대부분을 실패했던 인물도 없을 것이다. 하지만 링컨은 비록 인생의 대부분을 실패만 하며 살았음에도 대부분 사람은 그의 삶을 존경하며, 그에게서 많은 인생의 교훈을 얻는다.

그것은 그의 삶이 그만큼 후회하지 않는 삶을 살았음을 증명해 보여 주는 것이기 때문이다. 그는 항상 자신을 갖추어 나갔다. 실패하고, 시련을 겪어도 그는 항상 공부를 멈추지 않았다. 찾아올 미래의 기회를 확신하며, 준비를 해 나갔다.

그가 만약에 준비를 하지 않았다면, 자신을 완성해 나가지 않았다면, 아무리 좋은 기회가 찾아온다 해도 그 기회를 최대한 활용하여 위대한 대통령이 되지 못했을 것이라고 우리는 생각해 볼 수도 있다.

한 남자가 있다. 그는 정원사와 영어 강사였다. 하지만, 새로운 방식의 여행을 했다. 그리고 그 여행을 토대로 하여 여행에 관한 글을 '내셔널 지오그래픽 어드벤처' 등을 비롯한 여러 잡지에 기고했다. 그 결과로 상도 받고, 라디오에도 출연하게 되었다.

그가 기고한 글들은 장기 해외여행을 꿈꾸지만, 아직 떠나지 못하고 있는 많은 사람에게 구체적인 비전과 용기를 주게 되었다. 그가 바로 여행 입문자를 위한 여행바이블로 불리는 [여행자 영혼을 깨우는 여행의 기술]의 저자인 롤프 포츠(Rolf Potts)이다.

그는 그 책을 통해 우리의 영혼을 깨우고, 우리를 억누르고 있는 마음의 장벽을 부술 수 있는 용기까지 준다. 그래서 그 책을 읽으면, 우리에게 허락된 삶을 마음껏 즐기고, 우리 자신부터 이겨내는 용기를 얻게 된다.

" 당신이 살고 있는 곳이 외국 땅인 것처럼 이곳저곳을 탐색해 보라. 당신 이웃에게도 먼 나라의 부족인 것처럼 관심을 가져보라. 지금 이 순간에 충실하고, 끊임없이 배워라. 창조적으로 생각하고 행동하며 모험을 피하지 말라. 항상 자유롭게 생각하고 행동하며 한계를 두지 마라. 단순한

삶을 유지하면서 영혼을 살찌워라." < 236쪽
>

그의 이 말처럼 우리는 지금 이 순간에 충실하면서도 끊임없이 배우고, 창조적으로 생각하고, 모험을 회피하지 말아야 하고, 자유롭게 생각하고 행동하며 절대 한계를 두지 말아야 한다.

우리는 어제와 같은 삶에 결코 만족하는 삶에서 벗어나 자유로운 영혼의 도전자가 되어 멋진 삶을 살아나가야 한다.

제3장. 목표가 없으면 이루어질 것도 없다.

" 사람은 목적과 신념이 없이는 행복하게 될 수 없다. 사람은 그게 무엇이건 하나의 목표 아래 살아가고 있고, 또 그것이 옳다고 생각함으로써 행복을 느끼는 것이다. 그렇기 때문에 인생은 어떤 목표를 세우고 그 목표에 대해서 신념을 가지고 살아가는 것이 필요하다."

_ 에픽테토스.

－ 당신이 후회하는 삶을 사는 것은 목표가 없었기 때문이다.

" 인간은 삶의 목표를 생각하기 위해서 살아가는 것이 아니라 삶의 목표를 찾기 위해서 살아간다."

위대한 천재 과학자 아인슈타인의 이 말은 우리의 삶의 목표가 우리에게 어떤 역할을 해 주는 것인지에 대해 생각해 볼 수 있게 해 준다. 그리고 그 말이 의미하는 것은 우리가 목표를 찾기 위해서 살아가지 않는다면 올바르게 살아가는 것이 아니라는 사실이다.

그렇다면 목표를 찾기 위해서 살아간다는 것은 과연 무슨 뜻일까? 그것은 우리가 살아가는 데 삶의 목표가 필요하다는 말이며, 그러므로 목표를 반드시 가지고, 그것을 달성하기 위해 목표와 함께 살아가야 한다는 것을 의미하는 것인지도 모른다.

절름발이에 노예 출신이라는 독특한 경력을 가지고 있는 철학자 에픽테토스는 우리 인간이 행복하게 되기 위해서는 목표와 신념이 있어야 한다고 말했다. 어떤 하나의 목표를 세우고 그 목표를 달성하기 위해 살아가면서, 그 목표의 정당성에 대해 확신을 할 때 행복해질 수 있다는 것이다.

그의 주장대로 하자면, 인간은 어떤 목표를 세우고, 그것과 함께 살면서 그것에 대한 확고한 신념을 가지고 살아가야 하는 존재이고, 그렇게 할 때 행복하고 성공적인 삶을 살아갈 수 있다고 할 수 있다.

즉 참된 목표를 찾지 못한 사람 혹은 참된 목표가 없는 사람은 아무리 돈이 많거나 좋은 조건을 가지고 있다고 해도 그것이 행복하게 해 주지 않는다는 것이다.

과연 그럴까? 목표 없이 그저 남들처럼 열심히 살다가 돈을 많이 벌고, 좋은 대학교에 들어가고,

좋은 직장을 얻고, 좋은 대우를 받게 되면 그것으로 되는 것이 아닐까?

이러한 질문에 대해 성급한 대답을 해서는 안 될 것 같다.

2011년 1월부터 4월까지 수재들만 입학할 수 있다는 카이스트(KAIST)에서 학생 4명과 교수 1명이 자살하는 사건이 발생했다. 이들은 모두 엘리트이고, 능력 있는 자들이다. 이들이 이렇게 자살을 해야 하는 개인적인 이유는 여러 가지일 것이다.

하지만 분명한 한 가지 사실은 그들이 자살한 이유보다 더 큰 삶의 목표를 그들이 찾아내지 못했기 때문에 그들은 자살했다는 사실이다.

만약에 그들이 대학을 입학하자마자 혹은 방학 때 심한 경쟁에서 잠시 벗어나 여행을 하면서, 혹은 독서에 빠져들면서 자신의 인생 목표를 찾아낼 기회를 얻었더라면, 그래서 그들이 자기 삶의 큰 목표를 찾아내고, 발견하고, 그것을 자기 삶의 목표로 삼았더라면 과연 똑같은 시련이나 역경, 여러 가지 문제들이 그들에게 닥쳐왔을 때 자살이라는 극단을 선택했을까?

필자는 절대 아니라고 생각한다. 인간은 바늘 하나도 용납하지 못할 만큼 속이 좁은 존재일 수도 있고, 우주를 다 품을 수 있을 만큼 속이 넓은 존재일 수도 있다. 마찬가지로 인간은 자신의 어떤 삶의 목적을 발견하고, 그것과 함께 살아가느냐에 따라서 이 세상에서 가장 강하고 담대한 존재가 될 수도 있고, 반대로 가장 나약한 존재가 될 수도 있다.

삶의 목표를 찾았고, 발견한 사람은 그 어떤 시련이나 역경, 문제가 닥쳐온다 해도 결코 쉽게 삶을 포기하지 않는다. 그뿐만 아니라 삶의 목표를 발견하고, 그것과 함께 살아가는 자들은 절대로 후회하지 않는 인생을 만들어 가며 살아가고 있는 자들이다.

죽음밖에는 기대할 것이 없는 그 어떤 희망도 내일도 없는 공포와 고통의 강제 수용소에서 어떤 사람은 너무나도 쉽게 자신의 생명을 포기한다. 하지만 삶의 의미를 찾은 자는 절대로 쉽게 스스로 자신의 생명을 포기하지 않는다.

자신의 부모와 아내와 가족이 모두 가스실에서 죽어 나갔음에도 강제 수용소에서 결국 살아남은 빅터 프랭클 박사는 한 가지 사실을 이론상으로가 아니라 체험을 통해 확실하게 깨닫게 되었다.

그래서 그는 자신의 경험을 담은 책인 [죽음의 수용소에서(Man's Search for Meaning)]이란 책에서 삶의 목표가 얼마나 큰 힘과 영향을 주는 것인지에 대해 다음과 같이 묘사한 적이 있다.

' 끝까지 살아남은 사람들, 나치 수용소에서 끝까지 살아남은 사람들은 가장 건강한 사람도, 가장 영양 상태가 좋은 사람도, 가장 지능이 우수한 사람도 아니었다. 그들은 살아야 한다는 절실한 이유와 살아남아서 해야 할 구체적인 목표를 가진 사람들이었다. 목표가 강한 의욕과 원동력을 지속적으로 제공했기 때문에 살아남을 수 있었다. "

삶의 방법이 아무리 힘들어도 견뎌내는 사람들이 있다. 그리고 그런 사람들은 모두 절실한 삶의 이유와 구체적인 목표를 가지고 있는 사람들이다.

삶의 이유가 있는 사람은 결국 삶의 목적을 찾은 사람이며, 그런 사람은 아무리 힘들어도 견뎌낼 수 있을 만큼 강력한 인간이 되는 것이다. 위대한 철학자 니체는 프랭클보다 훨씬 더 일찍 이런 사실을 깨달은 철학자이기도 하다.

" 왜 살아야 하는지 이유를 아는 사람은 어떤 어려움도 견뎌낼 수 있다."

우리가 후회하며 불평하며 짜증 내며 하루하루를 살아가는 본질적인 이유와 살다가 크고 작은 시련이 우리의 인생길에 흘러들어왔을 때 그것들을 극복해 내지 못하고 쉽게 좌절하고 포기하고 무너지는 본질적인 이유는 같다. 그리고 그 이유는 이유가 없기 때문이다.

여기서 이유란 왜 살아야 하는지에 대한 이유, 즉 삶의 이유를 말한다. 삶의 이유가 없어서 우리의 삶이 그렇게 복잡하고 힘들고 팍팍한 것이다. 삶의 이유가 없기에 우리는 늘 후회하며 살아가고 있는 것이며, 10년 후에도 후회하는 인생을 살아가게 되는 것이다. 그러므로 우리는 삶의 이유가 될 삶의 목표를 찾기 위해 살아가야 한다.

삶의 목표를 찾기 위해 살아가는 삶을 통해 우리는 삶의 큰 목표를 만들 수 있고, 그러한 큰 목표는 우리가 우리의 삶의 주인으로 살아갈 수 있도록 우리를 이끌어 줄 것이다. 그뿐만 아니라 이상적인 목표를 찾아서 가지고 있을 때, 그리고 그 목표와 함께 살아갈 때 우리는 행복을 얻게 된다.

우리가 행복한 삶을 살았다면 10년 후에도, 50년 후에도 절대 후회하지 않을 것이다. 그런 점에서 목표가 없었기 때문에 우리가 후회하게 되는 또 다른 이유는 목표가 우리를 행복하게 해 주기 때문이다. 즉 목표가 없는 사람은 불행한 삶을 살아가게 되기 때문이다.

행복은 성취나 결과와 또 다른 별개의 것이다. 행복은 순간순간 우리가 느끼고 누리고 자각해야 한다. 그리고 그렇게 하기 위해서는 행복 그 자체를 쫓아가서는 안 된다. 우리가 쫓아가야 하는 것은 목표이고, 그 목표를 추구하며 나아갈 때만큼 우리를 행복하게 만드는 것은 없다.

이러한 사실에 대해 19세기 영국의 철학자이자 사상가였던 존 스튜어트 밀(John Stuart Mill)은 자신의 <자서전>을 통해 다음과 같이 표현했다.

" 행복이 모든 처세술의 지향점이요 인생의 목표라는 확신은 지금도 여전히 갖고 있다. 하지만 이제 그 목표를 직접 공략해서는 성공할 수 없다는 생각이 든다. 자신의 행복이 아닌 다른 목표를 추구한 사람들만이 실제로 행복을 얻을 수 있다.

타인의 행복, 인류의 발전, 심지어 기술과 일까지도 수단이 아니라 그 자체를 이상적인 목표로 삼을 때 스스로 행복을 얻을 수 있다. 다른 뭔가를 바라보고 가는 중에 행복을 얻게 된다."

그의 말대로 우리가 목표를 찾고, 그 목표를 향해 꾸준히 나아가는 삶을 살아간다면 우리는 행복을 얻게 되고, 그로 인해 행복한 삶을 살아나갈 수 있다. 그런 점에서 우리가 불행하고, 후회하는 삶을 사는 이유는 한 가지라고 할 수 있다.

그것은 능력이 없어서가 아니라 목표를 찾아가지 않은 삶을 살았기 때문이다. 이제는 목표를 찾고, 그 목표를 추구하며 꾸준히 나아가는 삶을 살아간다면 우리는 후회하지 않는 삶을 살아갈 수 있고, 행복하기까지 한 삶을 살아갈 수 있다.

유명한 베스트셀러 작가이기도 한 스티븐 코비는 인생의 가장 중요한 열쇠는 ' 얼마나 자신의 의도대로 완벽한 삶을 사는가 '가 아니라 ' 자신의 계획과 목표를 끊임없이 되새기는 것 '이라고 말한 적이 있다.

　－ 목표 설정이 빨라야 성공도 빨라지는 법이
다.

" 일찍 뜻을 세운 사람은 일생 하나의 목표를 견
지한다. 하지만 뜻을 세우지 못한 사람은 항상 새
로운 목표를 세우느라 인생을 허비한다."

　중국의 옛 성현들이 자주 하는 이 말처럼 일찍
뜻을 세우는 것이 뜻을 세우지 못하는 것보다 훨
씬 더 유익하다. 즉 목표 설정을 빨리하는 것이
여러모로 유익할 뿐만 아니라 성공 그 자체도 빨
라지는 길이다.

　수많은 사람은 인생에 대해 무언가를 주면 무언
가를 받게 되는, 또는 무언가를 받는 순간 다른
하나가 새어나가고야 마는 제로섬 게임이라고 생
각한다. 그러므로 잘 산다는 것은 잘 주고 잘 받
는 실존적 협상의 게임을 할 줄 안다는 것을 의미

한다고 느끼며 살아간다.

하지만 이러한 인생살이에 대한 견해는 스스로 아무것도 창조해 내지 못 하는 사람들에게 국한되는 이야기라는 사실을 알아야 한다. 만약에 이 이야기가 모든 이들에게 적용되는 보편타당한 진리라면 지금 이 시대나 과거에나 백만장자의 비율은 변함이 없어야 한다.

하지만 지금 이 시대는 인류 역사상 그 어떤 시대보다 더 많은 백만장자가 넘쳐 나는 시대이다. 즉 한 마디로 부의 빅뱅이 일어나고 있다. 그래서 어떤 한 사람이 차지하는 부는 그야말로 천문학적인 숫자의 돈이다.

그 돈은 아무리 많은 이들이라도 그들의 주머니에서 나온 돈도 아니며, 기존에 세상에 존재했던 부도 아니다. 새로운 부가 끊임없이 창출되어 나가는 것이다. 돈뿐만 아니라 인간에 대한 의식과 인권도 지금 우리는 과거에 왕이나 제후들이 누릴 수 있었던 신상의 안전과 권리보다 더 큰 권리와 안전을 누리고 있다.

결국, 이 세상은 제로섬 게임이 아니라는 말이다. 자신이 창조하고, 이바지하고, 노력하는 만큼 새로운 부를 창출할 수 있는 그런 시대이다. 굳이 다른 표현을 사용하라고 한다면 나는 이 세상은 창조의 시대라고 말하고 싶다.

지금 이 시대는 이 전에는 세상에 존재하지 않았던 것들을 새롭게 창조하는 크리에이티브들이 성공하고 부를 누리고 인기를 얻고 권력을 얻게 되는 한마디로 하자면 창조의 시대인 것이다.

창조라고 하면 거창한 것, 위대한 것을 생각할 수도 있다. 하지만 최고의 창조 대상은 자기 자신이다. 우리는 모두 무엇보다도 자기 자신을 재창조해야 한다. 그리고 자기 자신을 재창조하기 위해서는 가장 필요한 것이 목표 설정이다.

세상을 제로섬 게임이라고 생각하는 사람일수록 명확한 목표가 없는 사람들이라는 사실을 아는가? 목표가 있는 사람들은 이 세상이 제로섬 게임이라고 생각하지 않는다. 그들에게는 평생을 두고 추구해야 할 목표가 있기 때문이다. 그리고 그 목표를 추구하면 할수록 그는 자신이 원하는 모든 것을 얻을 수 있게 되기 때문이다.

목표가 없는 사람들은 싸워야 하고, 경쟁해야 하고, 스스로 다그쳐야 한다. 자신을 제로섬 게임 안에 던져 넣어야 한다. 그래서 인생이 버겁고 지치고 힘들고 상대에게 손해를 끼쳐야 하고 상대의 주머니를 털어야 하는 것으로 전락하게 되는 것이다.

세계적인 병법서의 반열에 오른 <손자병법>은 우리에게 삶의 지혜를 알려주는 처세서로도 주목을 받는 책이다. 그런데 이 책을 통해 손자가 우리에게 알려주고자 했던 궁극적인 지혜는 의외의 것이다.

치열한 전쟁을 해야 하는 장수에게 손자가 강조하는 것은 서로 물고 뜯기면서 상처뿐인 승리를 하는 것이 아니라 '스스로를 온전하게 보존하면서 얻게 되는 온전한 승리(자보이전승, 自保而全勝)'를 강조한다.

그리고 이러한 온전한 승리를 얻기 위해서는 또한 '싸우지 않고 이기는 것'을 최고의 전술이며 최고의 것이라고 말했다.

우리 인생도 이와 같아야 한다. 세상과 타인과 물고 뜯으면서 제로섬 게임을 통해 상처뿐인 승리와 삶을 살아가는 것이 아니라 싸우지 않고도 세상의 것들을 얻고, 부와 성공을 거머쥘 수 있는 그런 삶을 살아가는 것이 최고의 삶인 것이다.

그렇다면 이렇게 싸우지 않고도 이길 수 있는, 싸우지 않고도 세상의 좋은 것들을 다 누릴 수 있고, 부와 성공을 거머쥘 수 있는 그런 최고의 삶을 살아가는 사람들은 과연 어떤 사람들일까?

그런 사람들은 한 마디로 '세상과 싸우지 않고도 이길 수 있는 자기 자신만의 목표'를 가지고 있는 사람들이다. 그리고 그러한 목표를 통해 그 사람들은 세상과 타인과 싸우지 않고, 부와 성공을 획득할 방법을 터득하게 된 사람들이다.

싸우지 않고 부와 성공을 거머쥔 대표적인 인물이 바로 영국의 작가인 조엔 K. 롤링이다. 그녀 역시도 다른 사람들처럼 처음부터 세상과 싸우지 않고 승리하는 방법을 터득한 것은 아니었다.

남들처럼 직장에서 비서 생활을 했고, 결혼 생활도 했고, 영어 강사 생활도 했다. 하지만 그녀는 그런 생활을 통해 상처뿐인 실패만을 얻게 되었다. 비서로서 제대로 하는 것이 없어서 직장에서 해고되었고, 결혼 생활 또한 파탄이 나서 이혼을 하고, 혼자서 생후 4개월 된 딸을 키워야 했고, 심지어는 정부에서 나오는 생활 보조금으로 연명해야 하는 실직자 신세가 되었다.

하지만 그녀는 그런 최악의 상황에서 '세상과 싸우지 않고도 이길 수 있는 자기 자신만의 목표'를 가지게 되었다. 그리고 그것은 그녀에게

제로섬 게임에서는 도저히 얻을 수 없는 엄청난 부와 성공과 명예를 순식간에 가져다주었다.

우리나라 돈으로 환산할 때 60조 원이라는 재산을 가지고 있는 빌 게이츠 역시 '세상과 싸우지 않고도 이길 수 있는 자기 자신만의 목표'를 가지고 있었던 사람이다. 그는 어렸을 때부터 세상을 뛰어넘을 수 있는 꿈과 목표를 가지고 있었다.

그 목표는 '집마다 한 대씩 컴퓨터를 갖도록 하는 것'이었다. 그리고 그러한 목표를 달성하기 위해 그는 끊임없이 노력했고, 수많은 시련을 이겨내어 결국 그러한 시대가 오게 했다.

만약에 빌 게이츠가 목표 설정을 빨리하지 않았거나, 목표를 수시로 바꾸었다면 어떻게 되었을까? 우리는 목표가 가진 위력을 제대로 이해해야 할 필요가 있다.

확고한 목표를 가진 사람은 목표가 없어서 의지

력도 없어진다. 무엇인가를 반드시 해내고자 하는 목표 자체가 없어서 의지도 생기지 않는 것이다. 하지만 무엇인가를 반드시 해내고자 하는 그러한 확고한 목표가 있는 사람은 그 목표 때문에 의지가 점점 더 강해지고, 커지게 된다.

영국의 정치가인 벤저민 디즈레일리(Benjamin Disraeli)는 확고한 목표에 대해 이런 말을 한 적이 있다.

" 나는 오랫동안 명상한 결과 다음과 같은 확신을 스스로 얻게 되었다. 확고한 목표를 지닌 인간은 그것을 반드시 성취하고자 하는 그의 의지를 꺾을 만한 것은 아무것도 없다."

확고한 목표를 가지고 있는 인간에게는 그 목표가 놀라운 위력을 발휘하여 의지가 강한 자로 거듭나게 되고, 그 의지를 꺾을 만한 것은 이 세상에 더 존재하지 않게 된다. 그러므로 목표 설정을 빨리할수록 인생을 덜 낭비하게 되고, 자신의 모든 에너지와 시간과 능력을 한 가지 목표에 집중할 수 있게 된다.

- 가슴이 설레지 않는 목표는 목표가 아니다.

" 작은 목표(계획)를 세우지 마라. 작은 목표(계획)에는 사람의 피를 들끓게 할 마력의 힘이 없다. 큰 목표(계획)를 세우고, 소망을 원대하게 하여 일하라."

미국의 건축가이자 도시계획가인 다니엘 하드슨 번햄의 이 유명한 말은 우리가 왜 가슴 설레는 그런 담대한 목표를 가져야만 하는지. 그리고 왜 작고 시시한 목표는 목표가 아닌지에 대해 알게 해 준다.

대부분 사람은 능력이 없어서가 아니라 가슴을 설레게 할 만큼, 피를 끓게 할 만큼 강력한 목표가 없어서 실패한다. 목표는 삶에 의미와 가치를 부여하고, 우리가 끊임없이 준비하고, 시도하게 해 주고, 동기 부여를 제공해 준다.

하지만 가슴이 설레지 않게 되는 목표는 있으나 마나 한 시시한 목표에 불과하므로 이런 목표의 유익함을 온전하게 누릴 수 없게 된다. 그러므로 있으나 마나 한 목표는 말 그대로 우리의 삶을 변화시킬 수 있는 위력이 부족하다.

목표의 가장 큰 위력은 목적지를 향해 끊임없이 달려나갈 수 있도록 해 주는 추진력이자 연료라는 데 있다. 동시에 목표는 그러한 추진력과 연료를 옳은 방향을 향해 달려나갈 수 있도록 올바른 길이 무엇인지를 깨닫게 해 주어 낭비하지 않게 해 준다.

그런데 가슴이 설렐 만큼 가슴 벅찬 목표가 아닐 경우 우리는 쉽게 잊어버리고, 망각해 버린다. 하지만 가슴이 설렐 만큼 가슴 벅찬 목표는 쉽게 잊을 수 없다. 항상 그것을 마음속에서 되새기며, 항상 그것을 염두에 두고 있게 된다.

그 결과 그 목표는 우리에게 지금 이 시각 무엇

을 해야 하고, 무엇을 하지 않아야 하는지, 무엇을 준비해야 하는지, 어느 방향으로 나아가야 하는지, 무엇을 선택하고 버려야 하는지를 깨닫게 해 준다.

한순간 한순간 우리는 우리에게 주어진 시간과 에너지와 힘을 낭비하지 않을 수 있게 된다. 목표가 가슴 설렐수록 우리는 목표를 더 많이 생각하게 되고, 더 많은 영향을 받게 된다. 그 결과 우리는 모든 몸과 마음과 정신은 목표에 집중되게 된다.

집중의 힘을 모르는 사람들은 없을 것이다. 가슴 설레는 목표를 가져야 하는 이유가 여기에 있는 것이다. 가슴 설레지 않는 목표는 목표의 기능을 다 할 수 없어서 목표라고 할 수 없다.

물에 뜨지 못 하는 배는 배가 아니며, 하늘을 날지 못하는 비행기는 비행기가 아니듯, 우리의 삶을 변화시키고, 우리를 뜨겁게 해 주고, 열광하게 하고, 흥분하게 하지 못 하는 목표는 목표가 아니다.

목표를 가지고 있는데도 인생이 변화가 없고, 성장과 발전이 없다면 그것은 목표가 잘 못 설정되었기 때문이라고 할 수 있다. 가슴 설레고 피 끓는 목표를 가지고 있는 사람은 눈빛조차 달라 보이게 되어 있는 것이다.

눈빛마저도 달라지는 사람은 뼛속까지 모든 것이 달라지는 삶을 경험할 수 있게 된다. 그러한 경험은 가슴 설레고 피를 끓게 하는 위대한 목표로 인해 가능한 것이다.

위대한 작곡가인 헨델이 극심한 생활고와 예술가로서의 실패를 다시 만회할 수 있게 해 준 것은 불멸의 걸작인 '메시아(Messiah)' 라는 음악 역사상 가장 위대한 작품들 중의 하나를 작곡하겠다는 그의 가슴 설레는 목표였다.

그는 마치 신들린 것처럼, 전율을 느끼며, 엄청

난 성공과 거작의 탄생을 예견이라도 한 듯이 2시간에 달하는 연주시간인 대작 '메시아'를 겨우 24일 만에 완성했다. 가슴 설레는 목표를 가지게 되는 순간, 폭풍이 휘몰아치듯 그 목표를 향해 전진해 나가는 것은 이러한 목표를 가져본 사람만이 이해할 수 있다.

한 번도 가슴 설레는 목표를 가져보지 못한 자는 그것이 무엇을 의미하는 것인지? 얼마나 큰 에너지와 능력이 샘솟게 되는지를 알지 못한다. 가슴 설레는 목표를 가지게 되는 순간 그 사람은 이전과는 전혀 다른 딴사람이 된다.

그가 이 대작을 만든 것은 기적에 가까운 일이 아닐 수 없다. 그는 오페라 공연의 실패로 파산하게 되고, 엄청난 빚더미에 시달렸을 뿐만 아니라 뇌내출혈로 반신불수가 되어 그 어떤 것도 작곡할 수 없는 처지에 있었기 때문이다. 그런데 그는 다시 기적적으로 회복되었다.

그가 작곡가로 다시 우뚝 설 수 있게 된 것은 그

에게 다시 생겨난 가슴 설레는 목표 때문이었다. 생활고로, 사회적 실패로 의기소침하던 인생의 패배자와 다름없었던 그에게 더블린으로부터 날아온 자선음악회 제안은 그의 가슴을 다시 설레게 했고, 그의 피를 다시 끓게 했다.

그는 가슴 설레는 목표 때문에 잠을 잘 수 없었다. 무엇에 홀린 듯 그는 밤낮으로 곡을 써 내려갔다. '메시아'의 제1부를 겨우 6일 만에 완성했고, 제2부는 9일, 제3부는 3일 만에 완성해 나갔다. 모든 곡이 24일 만에 완성되었고, 이것은 기적과 같은 창작 속도이었다.

헨델은 자신이 그렇게 할 수 있었던 것이 자신의 능력이나 실력 때문이 아니라고 말하기도 했다.

'신께서 나를 찾아오셨던 것만 같다.'

그가 이러한 말을 할 정도로 그는 가슴 설레는 목표를 통해 거대한 열망과 추진력을 얻게 되었다.

그의 경우처럼 우리 인생에 반전이 있으려면 무엇보다 가슴 설레는 목표가 필요하다. 가슴 설레는 목표는 그 자체가 하나의 능력이 되어 주고, 추진력이 되어 주고, 능력이 되어 준다. 그러므로 능력이 없는 사람일지라도 가슴 설레는 목표는 능력자로 거듭나게 해 준다.

'신께서 찾아오셨던 것만 같다.'라고 말한 헨델처럼 가슴 설레는 목표를 가지는 순간 외부의 초자연적인 힘이 우리에게 찾아온다. 그것은 신의 도움이 될 수도 있고, 우주의 놀라운 힘일 수도 있고, 내면의 무한한 잠재능력일 수도 있다.

중요한 사실은 가슴 설레는 목표만이 그것을 이끌어 들일 수 있다는 것이다. 시시한 목표는 그 어떤 힘도 발휘해 내게 하는 작용을 하지 못 한다. 그러므로 '가슴 설레는 목표'를 가져야 한다.

신은 동물들에게 하늘을 날 수 있는 날개를 주었

고, 빨리 달릴 수 있는 강한 다리를 주었고, 깊은 바다를 헤엄칠 수 있는 지느러미를 주었다. 하지만 인간에게는 가슴 설레게 하는 목표를 만들 수 있는 생각을 주었다.

우리에게 부여된 최고의 도구인 생각을 사용하여 우리는 가슴 설레는 목표를 만들어야 한다. 그것이 우리가 하늘을 날고, 빨리 달리고, 바다를 헤엄칠 수 있는 유일한 방법이기 때문이다.

가슴이 설레지 않는 목표는 우리가 하늘을 날아오르게 하지 못 하며, 빨리 달리게 하지 못 하며, 깊은 바다를 헤엄치게 하지 못 한다. 그것에는 그 어떤 힘과 마법과 추진력도 없기 때문이다.

아무리 멋진 자동차라도 연료가 없으면 1m도 움직이지 못하듯, 아무리 능력이 많고, 지식이 많아도 가슴 설레는 목표가 없으면 그 어떤 것도 해내지 못한다.

– 목표가 없으면 이루어질 것도 없다.

" 위대한 사람들에게는 목표가 있고, 평범한 사람들에게는 소망이 있을 뿐이다."

소설가 겸 수필가인 워싱턴 어빙의 이 말처럼 목표가 없는 사람들은 위대한 사람이 될 수 없다. 그리고 목표가 없는 사람들은 목표가 있는 사람들이 시키는 일을 해야 하는 운명으로 전락하게 된다.

그것이 목표가 가지고 있는 목표의 위력이기 때문이다. 목표가 없는 사람은 목표가 있는 사람보다 모든 면에서 뒤떨어질 수밖에 없다. 목표 그 자체가 가지고 있는 힘은 실로 엄청난 것이다.

목표를 가진 자들에게 그 목표를 이루는 데 필요한 능력과 방법, 심지어는 사람 자체를 변화시키는 힘이 있는 것이 바로 목표이다.

현재 일본에서 '살아있는 경영의 神'으로 불

리고 있는 이나모리 가즈오는 누구보다 목표의 위력을 잘 알고 있었던 인물이다. 지금 그는 일본항공(JAL)의 명예회장 겸 교세라 명예회장이다.

그는 1972년에 목표를 만들어 큰 성공을 거둔 적이 있다. 그가 내 세운 목표는 이것이었다.

" 월 매출 10억 엔을 달성하면 전 직원이 다 함께 하와이 여행을 간다."

그의 목표는 실로 엄청난 것이었다. 왜냐하면, 1971년도 월 매출액이 목표액의 반 정도인 5~6억 엔 정도였기 때문이다. 그리고 그 당시에 일본의 평범한 직장인들에게 하와이 여행은 상상도 못 할 엄청난 여행지였다.

그런데 놀랍게도 청소부 아줌마부터 시작해서 모든 직원은 '하와이를 가자'라고 입버릇처럼 말하기 시작했고, 책상마다, 벽마다, 기둥마다 '하와이를 가자'라는 캐치프레이즈가 걸리게 되었다.

더 놀라운 사실은 그러한 명확한 목표를 내세우자마자 매출이 크게 늘었다는 것이다. 그리고 1년도 채 안 되어 월 매출 10억 엔을 달성해 버렸다는 것이다.

그 결과 청소부 아줌마부터 시작해서 전 직원 1,300명이 전세기를 타고 하와이로 여행을 떠나는 일이 실제로 벌어졌다.

이것이 바로 목표의 위력이다.

스페인의 철학가이자 작가인 발타자르 그라시안은 꿈이 없는 사람은 인형과 같다고 말했다.

" 꿈을 품어라. 꿈이 없는 사람은 아무런 생명력도 없는 인형과 같다."

목표를 가지고, 꿈을 가진 자들이 그것이 없는 자들보다 더 나은 삶을 살아갈 수 있는 이유가 바로 여기에 있다. 꿈도 목표도 없는 이들은 아무런 생명력도 없는 인형과 같은 존재와 다를 바 없기 때문이다.

아무것도 시도하지 않는 사람은 아무것도 이룰 수 없는 것과 마찬가지로 아무런 꿈도 목표도 없는 사람도 또한 아무것도 이룰 수 없다. 씨앗을 심지 않고 어떻게 나무가 자랄 것을 기대할 수 있겠는가? 씨앗을 심지 않고 어떻게 열매의 달콤한 맛을 보기를 바랄 수 있겠는가?

목표도 없는 사람이 어떻게 큰 성공을 거둘 수 있겠는가? 목표를 가진다는 것은 마음속에 성공의 씨앗을 심는다는 것과 같은 것이다. 목표를 가진다는 것은 무엇인가가 당신을 강력하게 끌어당기고 있는 것과 다르지 않다. 또한, 목표를 가진다는 것은 무엇인가가 우리가 넘을 수 없는 그 어떤 장벽마저도 넘을 수 있게 해 주는 것과 다르지 않다.

세계적인 변화전문가인 하버드 대학의 존 코터 박사는 다음과 같은 말을 한 적이 있다.

" 지금 우리가 직면하고 있는 대부분 장벽은 물리적 장벽이 아니라 심리적 장벽이다."

그의 말처럼 우리의 장벽은 물리적인 것이 아니라 심리적인 것이다. 그렇다면 그러한 심리적 장벽을 어떻게 넘을 수 있을까? 우리는 목표를 가짐으로써 심리적 장벽을 뛰어넘을 수 있다.

우리는 목표를 가진 만큼 그 어떤 장애물도 그만큼 더 뛰어넘을 수 있을 가능성이 급격하게 커지게 되는 데 그 이유가 바로 이것이라고 할 수 있다.

우리가 우리의 목표가 있는 만큼 성장할 수 있고, 도약할 수 있는 이유 중의 하나는 우리가 직면하고 있는 모든 장벽은 대부분이 능력의 장벽이나 실력의 장벽이 아니라, 심리적 장벽이기 때문이다.

목표를 가진다는 것은 그러한 심리적 장벽을 뛰

어넘을 것이라는 자기 자신과의 약속이고 결단이다. 그래서 목표를 가지고 있는 사람이 목표가 없는 사람보다 훨씬 더 크게 성장하고 도약할 수 있다.

우리는 우리의 심리적 장벽을 뛰어넘을 수 없다. 이 말은 다시 말해 우리는 우리의 심리적 장벽보다 더 큰 목표를 세울 수 없다는 말이다. 하지만 목표를 크게 세운다는 것은 다른 말로 우리의 심리적 장벽을 넘어서고, 그것을 키운다는 말이다.

그러므로 우리는 우리의 심리적 장벽 안에 갇혀 살아갈 수밖에 없는 그런 존재이지만, 그 장벽을 뛰어넘을 수도 있는 존재이다. 그리고 그 장벽을 뛰어넘을 수 있게 해 주는 가장 좋은 방법은 심리적 장벽보다 큰 목표를 가지는 것이다.

목표가 있어야 하는 이유는 이것뿐만이 아니다. 목표가 있을 때 우리는 길을 헤매지 않을 수 있다. 목표가 있을 때 푯대를 놓치지 않는 법을 배울 수 있게 된다. 목표 지향적으로 사고하는 사람들이 인생과 시간과 정력을 낭비하지 않고, 남들보다 더 빨리 더 높게 나아갈 수 있는 비결이 여기에 있다.

미래는 꿈이 있는 자의 것이다. 그리고 그 말은 다른 말로 미래는 목표가 있는 자의 것이라고 대체 될 수 있을 것이다. 당신에게는 목표가 있는거? 꿈이 있는가?

꿈같은 인생을 살아가는 사람들은 한 가지 공통점이 있다. 그것은 꿈같은 목표를 오래전부터 가지고 있었다는 것이다. 꿈같은 목표가 없는 사람의 인생에는 절대로 꿈같은 인생이 오지 않는다. 그런 점에서 목표는 마중물과 같은 것이다.

10년 후 후회하지 않는 내 인생을 살기 위해서 우리에게 필요한 것은 후회하지 않는 목표이다. 눈부신 인생을 살고 싶은 이들에게 필요한 것은 눈부신 목표이고, 꿈같은 인생을 살고 싶은 이들에게 필요한 것은 꿈같은 목표이다. 부자로 살고

싶은 사람들에게 필요한 것은 부자가 되는 목표
이다.

눈부신 목표가 없으면 눈부신 인생을 맞이할 수
없고, 꿈같은 목표가 없으면 꿈같은 인생을 맞이
할 수 없고, 부자가 되는 목표가 없으면 부자가
될 수 없다.

– 명품 인생을 만드는 것은 명품 목표다.

" 우선 20세에는 한 분야에 전력투구하면서 존
재를 부각시킨다. 30세에 1억 달러의 자산을 모
을 수 있다면 사업을 시작한다. 40세에는 주력사
업의 분야를 하나로 좁히고 중점화시킨 후 반드
시 그 분야의 일인자가 된다. 보유자산 10억 달
러를 재투자하고 1,000명 이상의 직원을 둔 기업
으로 육성한다. 50세에는 사업을 일정한 완성 궤
도에 올려놓는다. 100억 달러 이상의 자산규모
를 확보한다. 60세에는 후계자를 찾아 기업을 물
려준 후 평범한 일반인으로 돌아간다. "

<포브스 Forbes> 지가 선정한 세계적인 부호이자 다국적 기업 소프트뱅크의 창업주이자 최고경영자인 손정의는 19세 때 자신의 인생에 대해 전반적인 목표를 설정했다. 그는 서른다섯 살 때 집 한 칸 없는 인물이었다. 하지만 서른아홉 살에는 일본 잡지에 실릴 정도로, 비난을 받을 정도로 큰 궁전 같은 집을 장만했다.

그는 재일교포로 차별과 서러움을 받으면서 자랐다. 하지만 그는 세계 최고 갑부의 반열에 오른 성공한 경영자가 되었다. 그런데 그가 그렇게 크게 성공할 수 있었던 것은 다름 아닌 그에게 명품 목표가 있었기 때문이다.

"나는 열아홉 살 때 인생 50년 계획을 세웠다."

명품 인생을 만드는 것은 명품 목표이고, 위대한 기업을 만드는 것은 위대한 목표와 비전이다.

[좋은 기업을 넘어 위대한 기업으로]의 저자인 짐 콜린스는 위대한 기업들은 위대한 비전을 세우고, 멋진 목적지를 향해 버스를 몰고 갈 방법을 생각한다. 그 과정에 부적합한 사람들을 내리게 한다.

그런데 부적합한 사람들은 과연 어떤 사람들일까? 이들은 능력이 없는 사람들이 아니라 목표가 없고, 열의가 없고, 관심이 없는 사람들일 것이다.

" 위대한 기업으로 도약하는 회사는 새로운 비전을 세웠다고 해서 모든 사람을 버스에 태우고 가지는 않는다. 적합한 사람들을 먼저 버스에 태우고 부적합한 사람들을 내리게 한 후 어딘가 있는 멋진 목적지를 향해 버스를 몰고 갈 방법을 생각하게 된다."

명품 인생을 살고 싶다면 무엇보다 명품 목표를 가져야 한다. 목표가 명품일수록 우리의 생각과 행동도 그것을 닮아간다.

목표가 시시한 것일수록 우리의 인생도 그저 평범해진다. 그 사람이 가진 인생의 확고한 목표가 무엇인지를 알게 되면, 그 사람이 어떤 사람인지를 알 수 있다. 한 인간이 가진 확고한 목표는 그 사람의 모든 것을 말해 주는 것이기 때문이다.

명품 목표를 가진 자는 결코 시시한 인생에 사로잡혀 살아가지 않는다. 명품 목표를 가진 자는 인생을 눈부시게 살아내는 사람들이다. 그런 사람들에게 운명조차도, 거친 세상 풍파도 고개를 숙인다.

명품 목표를 가진 자는 결코 흔한 길, 평범한 길을 선택하지 않는다. 들러리처럼 인생을 조연으로 살지 않는다. 그들은 자기 삶의 주인공이 되어 자신의 의지를 불태운다. 그리고 그들은 자신이 가진 명품 목표에 지독하게, 철저하게 몰입한다.

자신이 가진 확고한 목표가 명품일수록 그들의

투지는 불타오르고, 행군을 알리는 북소리에 맞추어 거침없이 나아간다. 그들은 절대 포기하지 않는다. 그들에게 포기란 있을 수 없기 때문이다

명품 목표를 가진 자는 한발 앞서서 행동하고, 남들보다 박진감이 넘치게 움직이고, 어떤 순간에도 멈추지 않는다. 그 결과 그들은 명품 인생을 창조해 나가며 살아갈 수 있다.

명품 목표를 가진 사람들이 결국 명품 인생을 살아갈 수 있는 이유는 '나아지려고 노력하지 않는 자는 결코 비범해지거나, 명품이 될 수 없기 때문'이다. 나아지려고 노력하지 않으면 누구나 평범한 사람으로 전락해 버린다.

자기 자신을 충분히 비범한 존재인 명품으로 만들 수 있는 사람임에도 명품 목표를 가지고 있지 않다면, 노력하지 않을 것이고, 자신을 넘어서려고 하는 동기가 빠져 있을 것이다. 적당히 살고, 적당히 대우받고, 적당히 일하며 살고자 하는 의식이 충만하게 될 것이다.

바로 이런 이유에서 우리는 적당주의가 뿌리조차 내리지 못하게 할 수 있는 명품 목표를 가져야 한다. 명품 목표는 우리가 적당히 살지 않도록 해준다.

적당한 휴식을 취하는 것과 일을 할 때 최고를 추구하는 것은 전혀 다른 일이 아니다. 오히려 적당히 사는 자는 적당한 휴식을 취하는 것이 아니라 과도한 휴식을 취한다. 결국, 삶의 균형을 깨는 자는 적당히 살아가는 자들이다.

명품 목표를 가지고 있는 자는 일과 가정과 삶에서 균형을 잘 맞추며 살아가는 자이다. 필자도 그저 빈둥빈둥 놀거나 정신없이 회사 일을 할 때는 균형도 잘 맞추며 살지 못했다. 그리고 분명한 사실은 이때에는 인생의 명품 목표가 없었다.

하지만 명품 목표를 가지고 있는 지금은 일과 가정과 삶에서 균형을 잘 잡을 수 있게 되었다. 일주일에 한 번의 주말 등산과 주중의 한 번의 수

영, 그리고 저녁 시간의 가족과 함께, 그리고 자유로운 토요일의 기분 등이 서서히 자리를 잡혀가고 있다.

명품 목표도 없이 그저 열심히 살아갈 때는 가정도 건강도 삶도 생각하지 못했다. 하지만 명품 목표를 가지게 되었을 때 삶과 가정과 일에서 균형을 잡을 수 있게 되었다.

30~40년 전에는 이류 기업에 불과했던 우물 안 개구리였던 국내용 기업 삼성이 현재 세계적 상표 9위라는 초일류 기업으로 기적과 같은 도약을 할 수 있었던 단 한 가지 이유를 손꼽으라고 한다면, 필자는 단연코 삼성에는 '명품 목표'가 있었기 때문이라고 말할 것이다.

이건희의 신경영 선언 당시 했던 말들을 정리한 삼성 사내교육 자료인 [삼성 신경영] 속에 들어있는 그의 말을 통해 삼성에는 명품 목표가 있었음을 알 수 있다.

"초일류 기업으로 가는 길이 아무리 험난하고 힘들다 할지라도 그것은 우리가 반드시 이룩하여 후세에 넘겨주어야 할 지고의 가치이자 목표다. 나는 이 목표의 실현을 위해 나의 생명과 재산 그리고 명예를 다 바칠 것을 분명히 약속한다."

이 말 속에는 이건희의 확고하고도 담대한 명품 목표와 불굴의 의지가 담겨 있다. 성공하기 위해 가장 필요한 것은 피를 끓게 하는 담대한 목표이다. 그러한 목표가 없다면 우리는 절대 성공할 수 없다. 좋은 것은 위대한 것의 적이며 적당한 것은 명품의 적이기 때문이다.

좋은 회사와 좋은 기업으로 만족하기 때문에 위대한 회사로 도약하는 회사가 그렇게 적은 것임을 [좋은 기업을 넘어 위대한 기업으로]의 저자인 짐 콜린스는 우리에게 설파한 적이다. 명품 회사를 만드는 것도 명품 목표이다.

위대한 성공과 업적은 담대하고 확고하고 높은 명품 목표를 통해서 비롯된다는 사실을 우리는 명심해야 한다. 이건희가 만약에 국내 1위로 만족하고 안주하여, 초일류 기업이라는 명품 목표를 제시하지 않았다면 지금의 세계적 상표 9위인 초일류 기업은 존재하지 않았을지도 모른다.

이건희의 명품 목표는 우물 안 개구리인 삼성의 임직원들에게 세계 초일류라는 담대한 목표를 제시해 주었고, 그러한 명품 목표는 삼성의 임직원들을 스스로 명품으로 재창조하도록 이끌어 주는 추진력이 되어 주었다

우리가 담대하고 높은 명품 목표를 잡아야 하는 이유는 그러한 담대하고 높은 명품 목표가 우리가 우리 자신을 넘어설 수 있도록, 그래서 명품이 될 수 있도록 이끌기 때문이다. 소가 수레를 이끌듯, 우리의 담대하고 높은 명품 목표는 우리를 명품이라는 멋진 장소로 이끌고 간다는 사실을 우리는 알아야 한다.

– 당신은 당신의 목표만큼 도약하게 된다.

" 대부분 사람에게 존재하는 가장 위험한 일은 목표를 너무 높게 잡고서 거기에 이르지 못하는 것이 아니라 목표를 너무 낮게 잡고 거기에 도달하는 것이다."

르네상스 시대를 대표하는 위대한 예술가인 미켈란젤로의 이 말처럼 우리에게 가장 위험한 것은 목표를 너무 낮게 잡고, 그런 목표에 도달하고, 그런 목표에 만족하고 안주하는 삶의 자세이다.

[좋은 기업을 넘어 위대한 기업으로]의 저자인 짐 콜린스는 우리가 위대한 기업으로, 위대한 교사로, 위대한 인간으로 도약하지 못 하는 이유가 좋은 기업, 좋은 교사, 좋은 인간에 만족하기 때문이라고 서두에 밝혔다.

" 좋은 것(good)은 큰 것(great), 거대하고 위대한 것의 적이다.

그리고 거대하고 위대해지는 것이 그토록 드문 이유도 대개는 바로 그 때문이다.

거대하고 위대한 학교는 없다. 대개의 경우 좋은 학교들이 있기 때문이다. 거대하고 위대한 정부는 없다. 대개의 경우 좋은 정부가 있기 때문이다. 위대한 삶을 사는 사람은 아주 드물다. 대개의 경우 좋은 삶을 사는 것으로 족하기 때문이다. 대다수의 회사들은 위대해지지 않는다. 바로 대부분의 회사들이 제법 좋기 때문이다. 그리고 그것이 그들의 주된 문제점이다. "

우리가 우리의 목표만큼 도약하게 된다는 것은 틀린 말이 아니다. 그리고 그 이유는 바로 여기에 있다. 좋은 것, 적당한 것에 만족하기 때문에 우리는 위대한 것, 거대한 것, 큰 것을 추구하려고 하지 않는다.

우리가 적당한 것에 만족하고, 큰 것에 대해 추구하려고 하지 않을 때 우리는 절대로 거대한 것을 성취해 낼 수 없게 된다. 우리가 거대하고 위대한 것을 목표로 삼는다면, 우리는 적당한 것, 좋은 것에서 만족하거나 안주하지 않을 수 있다. 그런 점에서 우리에게 필요한 것은 거대하고 위대한 목표이다.

짐 콜린스는 위대한 기업으로 도약하는 것에 성공한 위대한 리더들의 공통된 점들을 많이 발견하고 자신의 이 책을 통해 제시한 적이 있다. 그런데 위대한 리더들의 공통점 중의 하나는 '평범한 사람들이 상상도 하지 못 하는 담대하고 위험하고 도전적인 목표'를 가지고 있다는 점이다.

그는 또한 제리 포라스와 함께 쓴 책인 [성공하는 기업들의 8가지 습관]이란 책에서 성공하는 기업들이 가지고 있는 습관 중의 하나가 '크고(Big) 위험하고(Hairy) 대담한(Audacious) 목표(Goals)'를 가지고, 그것을 향해 끊임없이 전진해 나간다는 것이라고 말한 적이 있다.

그의 말처럼, 크고 위험하고 대담한 목표

(BHAGs)는 우리가 얼마나 도약하고 성장하고 성공할 것인지에 대해 결정해 준다. 목표가 작을수록 우리는 작게 성장하고, 그것이 크고 담대하고 위험할수록 우리는 더 크게 성장하고 도약을 하게 된다.

대표적인 사례가 바로 미국의 달 정복에 대한 크고 위험하고 담대한 목표이다. 만약에 1960년에 케네디 대통령이 그저 '우주 계획을 좀 더 보강합시다.' 혹은 '우주에 사람을 보낼 수 있다는 희망을 품고 노력합시다.'라는 있으나 마나 한 목표를 제시했더라면 1960년대의 미국의 놀라운 전진은 존재하지 않았을 것이다.

존 F. 케네디 대통령은 1961년 5월 25일 전 미국 국민에게 그들의 피를 끓게 하고, 가슴이 설레게 하고, 온몸의 세포가 목표에만 집중할 수 있도록 해 주는 그런 크고 위험하고 대담한 목표를 제시했다.

"우리나라는 금세기가 가기 전에 달에 사람을

착륙시키고 무사히 귀환시키는 목표를 반드시 달
성해야 합니다."

그의 확고하고 담대하고 위험하고 큰 목표에 미
국인들은 모두 눈에 보이지 않는 사명감과 자긍
심으로 자신의 분야에서 어떤 일을 하더라도 그
이전보다 더 놀라운 집중력과 열정을 보여 주었
다. 그 결과 미국은 괄목상대할 만큼의 성장을 이
루어냈다. 더 놀라운 사실은 미국은 그 목표만큼
성장하고 발전하고 도약했다는 사실이다.

미국은 대통령의 담대한 목표대로, 1969년 7
월 12일 닐 암스트롱을 태운 아폴로 11호가 달
에 착륙했고, 무사히 귀환까지 시키는 데 성공했
다.

" 사람들은 점진적인 개선보다 크고 위험하며
대담한 목표에 더 쉽게 흥분한다."

짐 콜린스의 이 말처럼 우리는 목표를 크게 잡아
야 한다. 그것도 아주 위험하고 담대할 정도로 크

게 말이다. 그렇게 할 때 우리는 더 쉽게 흥분하고, 전율을 느끼고, 피가 끓게 되는 것이다. 그리고 딱 그만큼 우리는 도약을 하고, 성공하게 된다.

사소함이 만드는 위대한 성공 법칙에 관한 책인 [리틀 빅 씽(The Little Big Things)]에 보면, 우리가 변화에 걸리고, 목표를 달성하는 데 걸리는 시간조차도 우리가 어떤 목표를 정하는지에 따라 달라질 수 있다고 말한다.

목표가 아주 크고 위험하고 담대할 만큼 짧은 기간에 변화를 이룩할 수 있다고 생각하고 그것을 목표로 잡으면 실제로 그렇게 된다는 것이다.

" 사례 분석을 통한 많은 연구에서 " 변화에 걸리는 시간은 기본적으로 생각하는 만큼 된다." 라고 말하고 있다. 즉 리더가 변화에 2년이 걸릴 것으로 생각하면 실제로 2년 정도 걸리게 되고, 2주 만에 변화할 수 있다고 생각하면 실제로 변화가 2주 만에 이루어질 수도 있다는 것이다.

따라서 단번에 어떤 변화를 몰고 올 수 있다고 생각하면 단기간에 변화를 불러일으킬 수 있다. 반면에 변화가 오랜 시간을 두고 이루어질 것으로 생각하면 그만큼 늦게 이루어지게 된다. 그러므로 목표를 '높게' 잡지 말라. '아주 아주 높게' 잡아라. " < 248쪽, [리틀 빅 씽], 톰 피터스 >

그 말대로 우리는 우리가 목표하는 대로 빨리 하게 되고, 높이 올라가게 된다. 그러므로 목표를 아주 아주 높게 잡아야 한다. 그것이 10년 후 후회하지 않는 내 인생을 만들어 가는 방법의 하나인 것이다.

세상에는 두 부류의 사람이 있다. 승자와 패자이다. 승자는 무대의 주연이 되고, 자신의 능력 이상을 뛰어넘어 성취하여 사람들에게 부러움을 산다. 반면에 패자들은 무대에서 멀찌감치 벗어나 있고, 항상 자신의 능력 안에서만 일을 열심히 하고, 사람들에게 그 어떤 부러움도 받지 못한다.

이들의 차이를 만드는 것은 과연 무엇일까?

사람들을 열광하게 하고, 세상을 지배하는 최고 승자들의 성공 근원은 무엇일까? 이러한 질문에 대해 속 시원하게 대답해 주는 책이 있다. 바로 < 타임스>의 칼럼니스트인 매슈 사이드가 쓴 책인 [베스트 플레이어(원제:BOUNCE)]이다.

이 책의 저자는 그들이 어떻게 해서, 무엇 때문에 세상을 지배하고, 사람들을 열광시키는 그런 최고의 선수가 되었는가? 라는 질문에 6가지 원인을 제시한다.

Boundless Thinking: 경계를 넘나드는 유연한 사고.

Only One: 유일무이함을 추구하라.

Unreachable Standard 도달할 수 없는 기준을 설정하라.

Never-ending Practices: 훈련과 연습만이 완벽함에 이르는 길이다.

Challenge the status Quo: 한계에 도전하라!

Exceptional Energy : 주체할 수 없는 에너지를 발산하라.

그 여섯 가지 원인 중에 두 가지는 우리가 목표를 높게 잡아야만 한다는 생각에 대해 더욱더 확신할 수 있게 해 주는 것들이다.

베스트 플레이어는 도달할 수 없는 기준을 설정하고, 자신의 한계에 도전하기 때문에 베스트 플레이어가 될 수 있었다고 이 책의 저자는 말한다. 재미있는 사실은 도달할 수 없는 높은 기준을 설정하여, 분명한 목표와 목적의식을 가진 채 훈련하는 것과 오랜 시간 그저 연습과 훈련을 하는 것에는 분명한 큰 차이가 발생한다는 것이다.

다시 말해, 우리가 수영하거나 달리기를 할 때, 그저 운동 삼아 달리기를 하고 수영을 하는 사람과 어느 정도의 목표를 정해 놓고 달리기를 하고, 수영하는 사람 사이에는 훈련 시간이 같다고 해도 큰 차이가 발생한다는 것이다.

10년 후 후회하지 않는 인생을 살기 위해서 크고 담대하고 위험한 목표가 필요한 이유가 바로 이것이다. 10년 동안 그저 열심히 사는 사람과 큰 목표를 가지고 열심히 사는 사람은 반드시 큰 차이가 발생하기 때문이다.

그러므로 우리는 목표를 가져야만 하고, 그것도 아주 아주 큰 목표를 가져야만 하는 것이다.

우리가 큰 목표를 가져야 하는 또 다른 이유는 매슈 사이드가 말한 7가지 원인 중의 하나인 '훈련만이 완벽함에 이르는 지름길'이기 때문이기도 하다. 끝없는 훈련을 하는 데 필요한 것은 바로 의지력이다. 그 의지력을 강화해 주는 것 중의 하나가 목표에 대한 열망이다. 그리고 목표에 대한 열망은 그 목표가 크고 담대할수록 커진다.

 그러므로 우리는 우리의 목표만큼 성장하고 도약할 수 있다. 그러므로 우리는 목표를 크게 그것도 아주 크게 가져야만 한다.

 [행복을 부르는 12가지 주문]이란 책에 나오는 이 말을 우리는 명심해야 할 것 같다.

" 사람은 자신의 기대 수준 너머로는 날아오르지 않습니다. 자신에 대해 아무것도 기대하지 않거나, 기대하더라도 그 기대가 아주 조금이라면 당신이 아무런 발전을 하지 못하더라도 그건 당연한 결과이니 조금도 놀라지 마십시오."

 우리는 우리 자신에 대한 기대치가 너무 낮아서 더 많은 실패를 하게 된다. 우리가 기대치가 높아서 하게 되는 실패보다 오히려 기대치가 낮아서 하게 되는 실패가 더 많을 뿐만 아니라, 실패 후에 어떤 생각을 하고, 어떤 행동을 할 것인지에 대해서도 우리 자신에 대한 기대치에 따라 상반된 결과를 보여 준다.

이 세상의 모든 것은 장단점이 있다. 심지어 동전조차도 앞면과 뒷면이 동시에 존재한다. 하지만 사람마다, 물건마다 달라질 수 있지만, 무엇보다도 기대치가 낮아서 더 큰 손해를 입는 사람들이 많다.

기대치가 낮으면 그 기대치 이상으로는 우리는 절대로 날아오르지 못한다. 실력과 능력과 잠재력이 무한한 인간이 스스로 정한 기대치에 속박을 당한 채, 그 안에서 평생 살아간다는 사실은 생각만 해도 끔찍한 것이다.

하늘을 날 수 있는 독수리가 새장에서 닭과 함께 평생 살아간다고 상상해 보라. 얼마나 한심하고 불쌍하고 답답한가? 그런데 바로 우리가 이와 똑같이 살아간다고 생각해 보라. 그런데 정말 이렇게 살아가고 있는 사람들이 너무나 많다.

필자 역시 이렇게 40년을 살아왔다. 하지만 불행 중에 다행으로 이제 하늘을 나는 법을 알았다. 그리고 그 방법은 바로 '목표를 최고로 크게 가지는 것'이었다. '자기 자신에 대한 기대치를 가장 높게 가지는 사람'은 이 세상에서 당신이 되어야 한다.

이 세상의 다른 사람들의 평가나 기대에 영향을 받는 것을 완강히 거부하라. 그리고 스스로에게만 기대하라, 그것도 엄청난 기대해라. 그리고 그 기대하는 만큼 스스로 날아올라라. 그것이 당신이 앞으로 살아가야 할 삶의 유일한 방식이 되게 하라.

스스로 포기하지 않는 한 이 세상의 어떤 것도 당신을 멈추게 할 수는 없다. 그것은 분명한 사실이다. 그러므로 목표를 세우고, 그 목표를 향해 하루하루 전진해 나가라. 목표만큼 반드시 도약하게 된다.

당신이 생각해야 하는 것은 당신이 얼마나 능력

이 있는 자인지가 아니라 어떻게 하면 능력 있는
자가 되느냐 하는 것이다. 그렇게 할 수 있는 자
는 유일하게 당신뿐이다.

제4장. 울창한 숲도 처음에는 한 알의 씨앗에서 시작한다.

"큰 나무도 가느다란 가지에서 시작된다. 10층 석탑도 작은 벽돌을 하나하나 쌓아 올리는 것에서 출발한다. 천릿길도 한 걸음부터 시작이다. 마지막에 이르기까지 처음과 마찬가지로 주의를 기울이면 어떤 일이라도 탁월하게 해낼 수 있다."   _ 노자 _

– 하루에 성공해야 인생에서 성공할 수 있다.

" 작은 실금에도 불현듯 둑은 무너지고 물은 범람한다. 깃털 같은 눈송이도 쌓이면 지붕을 가라앉히고 거목을 쓰러뜨리듯 우리들 삶은 늘 하찮은 것으로부터 커다란 것을 일궈낸다. "

소설가 양귀자 씨의 이 말처럼 우리의 삶은 늘 하찮은 것, 사고한 것으로부터 커다란 것을 일궈낸다. 인생의 성공이란 큰 업적도 결국 하루하루 우리가 하찮게 생각하는 일상적인 하루가 모여서 결정된다. 그런 점에서 하루를 성공적으로 산 사람은 인생에서도 성공할 수 있다고 말 할 수 있다.

울창한 숲도 처음에는 한 알의 씨앗에서 시작했고, 끝없이 펼쳐진 대양도 처음에는 한 방울의 낙수에 의해 시작되었다. 우리의 인생도, 성공도 이와 다르지 않다. 거대하고 위대하고 찬란한 업적과 성공은 작고 사소한 하루라는 성과가 모이고 쌓여서 결국에는 거대한 업적이 되는 것이다.

하루에 성공한다는 것은 어떤 것을 의미하는 것일까?

인생에 성공한 사람은 어떤 사람인지 우리는 잘 알고 있다. 물론 성공에 대한 정의는 다양하기에 사람마다 다를 수 있다. 하지만 어떤 사람은 자신이 선택한 예술 분야에서 세계 최고의 예술가가 되어 명성을 날렸다면 그 사람은 성공한 사람이라고 우리가 말할 수 있다.

방송 연예계에 진출하여 강호동 님이나 유재석 님 혹은 이경규 님이나 신동엽 님처럼 누구나가 다 알 정도로 높은 인지도를 얻고, '국민 MC'라는 칭호도 얻었다면 그 사람도 성공한 사람이라고 할 수 있다. 흑인 출신으로 최초로 미국 대통령이 된 오바마도 역시 성공한 사람이고, 스티브 잡스처럼 놀라운 제품을 만들어 인류를 놀라게 해 준 사람도 성공한 사람이다.

이처럼 인생에서 성공한 사람들은 너무나 다양

하고 많다. 하지만 하루에 성공한다는 것은 어떤 것을 의미하는 것일까?

하루에 성공한다는 것은 하루 24시간을 누구보다 더 알차게, 그리고 효과적으로 보낸다는 것이다. 그래서 하루에 실패한다는 것은 이와 반대로 하는 일 없이, 뚜렷한 목표도 없이 하루를 빈둥대면서 보내는 것을 의미할 뿐만 아니라, 목표나 목적, 하는 일을 했음에도 비효율적으로 했거나, 알차게 하지 못 해서 하루 동안 해야 할 양이나 질에 미치지 못하게 되는 경우도 의미한다.

그런 점에서 하루에 성공하기 위해서는 주어진 24시간을 잘 활용해야 할 필요가 있다. 그래서 성공하기 위해서는 자기 관리가 필요하다고 하는데, 그 자기 관리의 핵심을 수많은 사람이 시간 관리라고 하는 것이다.

대표적인 사람으로 현대 경영학의 창시자로 추앙받고 있는 피터 드러커를 들 수 있다. 그는 자신의 저서를 통해 자기 관리의 핵심은 시간 관리라고 말한 적이 있다. 어떤 사람은 하루를 48시간처럼 활용하지만, 또 어떤 사람은 12시간도 활용하지 못 하는 사람이 있고, 또 어떤 사람은 한 시간도 제대로 활용하지 못 하는 사람이 있다.

" 성과를 올리는 사람은 일에서 시작하지 않는다. 시간에서 시작한다. 계획으로부터도 시작 하지 않는다. 무엇에 시간을 빼앗기고 있는가를 분명히 하는 것에서 시작한다. 그다음에는 시간을 낭비하는 비생산적인 요구를 멀리한다. 마지막으로 이렇게 얻어진 여분의 시간을 효과적으로 배치한다. "

하루에 성공하는 사람들은 하루를 48시간처럼 사용하는 자들이다. 24시간인 하루를 6시간처럼 사용하는 사람은 하루를 실패한 사람이라고 할 수 있다. 시간을 그만큼 낭비했고, 효율적으로 사용하지 못했기 때문이다.

인생을 성공적으로 살기 위해서는 하루에 성공해야 한다. 그리고 하루에 성공하기 위해서는 시간 관리에 성공해야 한다. 그것은 모든 일과 인생은 바로 그 시간으로 이루어져 있고, 인생의 모든 일에는 시간이 필요하기 때문이다.

시간이야말로 중요하고 대체 불가능하며 되돌릴 수 없는 한정적인 특수한 자원이다. 그렇지만 대부분 사람은 이 독특하고 대체 불가능하고 무엇을 하더라도 필요한 필수 자원인 이 시간을 너무나 당연한 것으로, 무한정 공급이 되는 것으로 취급한다.

하지만 시간은 돈보다도 더 유한한 것이다. 우리가 무심코 보낸 오늘 하루는 어떤 수를 쓰고, 엄청난 돈을 주고도 다시 살 수 없는 그런 하루이다. 그래서 지혜의 경전인 [탈무드]에 다음과 같은 문장이 담겨 있는 것이다.

' 사람들은 돈을 시간보다 더 소중히 여긴다. 그러나 그 때문에 잃어버린 시간은 돈으로 결코 사들일 수 없다.'

잃어버린 하루는 아무리 많은 돈과 노력과 에너지를 쏟아붓는 다 해도 다시 회복할 수 없다. 하지만 하루를 성공적으로 보내는 사람은 그 하루를 오롯이 자신의 인생이라는 은행에 저축한 것과 다름없다.

그런 점에서 하루를 성공한 사람과 하루를 낭비하고 실패한 사람의 인생이라는 은행의 잔액은 10년이 지난 후에 비교해 보면 비교할 수 없을 정도로 큰 간극이 생기게 되는 것이다.

필자의 경험으로 확실하게 말할 수 있는 한 가지 진리가 있다면 그것은 하루하루에 성공하면 인생에서도 성공하게 된다는 것이다.

오늘 하루를 실패한 사람은 결국 인생에서도 실패한 사람이 되고 만다. 오늘 하루를 성공한 사람은 궁극적으로 인생에서도 성공한 사람이 된다. 이러한 사실은 우리가 코끼리를 잡아먹는 방법에 대한 물음을 통해서도 알 수 있다.

'코끼리를 잡아먹는 방법이 무엇인가?'

이 질문에 정답은 여러 가지이지만, 그 대답은 어떤 것이든 본질적인 대답의 성격은 이것일 것이다.

' 한 번에 한 입씩!'

아무리 큰 코끼리라도 그것을 잡아먹는 유일한 방법은 한 번에 한 입씩 먹는 방법이다. 코끼리를 거대한 기계에 통째로 집어넣어 엄청난 음료수로 만들 수 있다고 해도, 결국에는 한 번에 한 입씩 마셔야 하고, 코끼리를 삶든 굽든 우리는 한 번에 한 입씩 먹어야 한다.

성공도 이와 다르지 않다. 인생의 성공은 코끼리를 잡아먹는 방법과 다르지 않다.

' 하루에 하루의 목표만큼 성공하는 것! '

하루에 하루의 목표를 정해서 그것에 성공하는

사람은 결국 인생에서도 성공하게 된다. 우리는 이것을 알지 못한 채 거대한 성공을 꿈꾸면서 하루에 실패하면서 하루하루를 보내고, 10년을 보내게 된다.

그렇게 살면서 보낸 10년은 아무리 거대한 성공을 꿈꾸면서 살았음에도, 아무리 열심히 살았음에도 결국에는 성공적이지 못 한 10년을 보낼 수밖에 없다. 왜냐하면, 하루의 성공과 실패가 가장 중요하며, 그것이 10년의 성공과 실패를 결정짓고, 10년의 성공과 실패가 모여서 인생의 성공과 실패를 결정짓기 때문이다.

당신에게는 하루의 성공과 실패를 기준으로 삼는 목표나 잣대가 무엇인가?

만약에 이것이 없다면 당신은 하루하루의 성공을 하지 못 한 채 살아가는 사람일 확률이 매우 높다고 할 수 있다. 왜냐면 하루하루의 성공 목표나 목적이 없는 사람은 하루하루를 중요하게 생각하지 않는다.

하루하루의 명확한 성공 목표나 잣대가 없는 사람은 그저 열심히 살아갈 뿐, 그리고 거대한 연간 목표나 분기별 목표만 있을 뿐이다. 심지어 연간 목표나 분기별 목표도 없이 살아가는 사람들도 있을 것이다.

하루하루의 목표를 가지고 있는 사람들과 연간 목표나 분기별 목표만 가지고 있는 사람들과 심지어 연간 목표나 분기별 목표도 가지고 있지 않은 사람들과 차이가 나는 것은 자명한 일이다.

하루하루의 목표를 가지고 있는 사람들은 하루하루를 헛되이 보내지 않는다. 하루의 목표를 달성할 때, 하루를 成功했다는 사실을 알게 되고, 매일 그렇게 살아간다. 그러한 하루의 성공이 모이면 인생의 성공이 이루어지게 된다.

코끼리를 잡아먹는 방법과 마찬가지로 거대한 목표일수록 잘게 쪼개어서 목표를 나누어 한 번에 하나의 작은 목표를 달성해 나가는 것이 매우 중요하고도 효과적인 목표 달성 방법이다. 그러므로 10년 동안 혹은 1년 동안 달성해야 할 거대한 목표를 세웠다면, 그 목표를 달성하기 위한 가장 좋은 방법은 하루 목표량을 정해서 하루만 성공하면 된다.

오늘 해야 할 목표를 오늘 최선을 다해 성공하면, 거대한 1년 목표에 성공해 낸 것과 다를 바 없다. 그리고 그 1년 목표에 성공해 내면, 거대한 10년 치의 목표가 성공한 것과 다를 바 없다. 그러므로 하루의 성공은 인생의 성공과 같은 것이다.

필자의 경우 2020년까지 100권 이상의 책을 출간하는 것이 인생 목표 중 하나였다. 다행이 이 목표는 2년 후인 2022년에 달성했다. 이 목표를 달성하기 위해서는 2012년부터 매년 15권 정도의 책을 출간해야 한다. 그러므로 연간 목표는 매년 15권의 책을 출간하는 것이다.

매년 15권의 책을 출간하기 위해서는 매달 2권

정도의 책을 집필해야 한다. 원고 집필을 완성한다고 해서 그것이 전부 책으로 탄생하는 것은 아니므로 매달 2권을 집필해야 매달 1권 이상의 책이 출간되고, 일 년이면 15권 정도가 되기 때문이다.

그런데 매년 15권의 책을 출간한다는 목표는 어떻게 보면 굉장히 힘든 것처럼 보인다. 하지만 이 목표를 쉽게 달성할 방법이 있다. 그것은 이 목표를 아주 작게 쪼개서 그 목표를 달성해 나가면 되는 것이다.

' 한입에 한 번씩 ' 먹으면 결국 코끼리를 다 잡아먹게 되는 것처럼 말이다.

그래서 하루의 목표를 정해서 하루에 성공하면 자동으로 일 년 치의 목표가 쉽게 달성이 된다. 그리고 1년 치의 목표가 달성되면 그것은 자동으로 10년 치의 목표가 또한 쉽게 달성이 되는 것이다.

하루에 열 페이지의 원고를 무조건 쓰는 것이 하루의 목표치이다. 이것만 달성하면 나는 하루를 성공한 것이다. 훈민정음으로 열 페이지는 200자 원고지로 70장에서 80장의 분량이다. 그래서 일주일 6일이면 200자 원고지 450장 정도를 쓸 수 있고, 이주일이면 200자 원고지 900장 정도로서, 책 한 권을 쓸 수 있다.

나는 거대한 목표를 세우지만, 그 목표를 하루하루 생각하지 않는다. 사실 거대한 목표를 처음부터 세우지 않았다. 하루하루 목표만을 세웠다.

" 하루에 열 페이지씩 "

이렇게 하루에 열 페이지씩 쓰다 보니, 일 년에 15권의 책을 출간한다는 목표를 성공하게 되었다. 매년 성공한 것은 아니었다. 어떤 해에는 겨우 2권의 책이 출간되기도 했고, 또 어떤 해에는 20권 이상의 책이 출간되기도 했다. 이런 차이가 발생하는 이유가 무엇일까? 그것은 10배나 더 열심히 살았기 때문이 아니다. 하루의 목표를 세우고, 하루에 성공하면서 살았기 때문이다.

하루하루의 목표를 세우지 않고 그저 열심히 사는 것과 하루의 목표를 세우고, 그 목표를 달성하면서 하루에 성공하면서 사는 것은 다르다. 이 차이가 10배나 되는 성과 차이를 가져온 것이다. 그러므로 하루에 성공하면 인생에 성공하는 것이다.

오늘 하루 실패했다면 그것은 인생의 실패와 다를 바 없다. 이러한 마음가짐으로 하루하루를 살아야 한다.

– 성공은 하루아침에 이루어지지 않는다.

" 바다를 단번에 만들려 해서는 안 된다. 우선 냇물부터 만들어야 한다."

유대인 율법학자들이 유대 사회의 모든 사상에 대하여 구전된 것을 집대성한 책인 탈무드

(Talmud)에 나오는 이 말은 성공을 향해 자신을 불태우고자 하는 자들에게 좋은 가르침을 준다.

이 세상에서 단번에 바다를 만들 수 있는 것은 창조주뿐이다. 심지어 유대인들이 말하는 창조주는 엿새 동안 하나씩 차근차근 천지를 창조해 나갔다. 인간도 이러한 사실에 대해 깊은 교훈을 얻어야 한다.

당신이 바다를 만들거나, 위대한 제국 로마를 만들거나, 자신의 인생에서 위대한 성공을 하고 싶다면, 우선 작은 냇물부터 만들어야 하고, 작은 변화들을 성공시켜야 한다. 그러한 것들이 모여서 결국 바다가 되기 때문이다.

작은 일이라고 업신여기고, 등한시하는 사람 중에 큰일을 맡겼을 때 제대로 해내는 사람을 본 적이 없다. 작은 일을 업신여기고 등한시 여기는 사람은 그 작은 일조차 정성을 쏟아서 하지 않기에 일을 제대로 해낼 수 있는 능력이 길러지지 않았기 때문이다.

하지만 작은 일도, 성가신 일도 마다하지 않고, 날마다 꾸준히 한 걸음씩 걸어가는 사람들은 훗날 큰일을 턱 맡겼을 때, 멋지게 해낼 수 있는 사람으로 성장하여, 보란 듯이 해낸다. 이런 사람들이 결국 10년 후에는 성공하게 되는 것이다.

10년 동안 하루하루 한 걸음씩 나아간 사람은 10년 후에는 그 전과는 비교도 안 될 사람으로 성장해 있지만, 3년이나 5년 정도에 큰일을 해내고, 결판을 봐야겠다고 달려드는 사람은 그 일을 해낼 수는 있을지 몰라도 그 전과 비교도 안 될 사람으로 성장하지는 못한 사람일 수 있다.

위대한 제국 로마가 하루아침에 이루어지지 않았다는 것은 이 세상의 모든 위대한 것들이 완성되고 만들어지기 위해서는 최소한 10년 이상의 오랜 기간이 필요하다는 것을 말하고 있는 것인지도 모른다. 우리는 이러한 사실을 명심해야 한다.

성공은 하루아침에 이루어지지 않는다는 말 속
에는 오랜 세월 동안의 피나는 훈련과 연습이 필
요하다는 의미도 포함되어 있다.

전설적인 프로 골퍼인 잭 니클라우스는 재능보
다 연습과 훈련이 더 중요하다는 사실에 대해 이
렇게 말했다.

" 연습을 하지 않고, 그러니까 수많은 샷을
쳐보지도 않은 상태에서 골프에 진짜로 능숙해
지는 사람은 아무도 없습니다. 대부분의 선수
를 짜증스럽게 하는 요인은 재능의 부족이 아니
라 일관되게 좋은 샷을 반복해서 칠 수 있는 능
력의 부족이죠. 이를 해결할 수 있는 유일한 방법
은 연습뿐입니다. " < 출처: [베스트 플레이어
(BOUNCE)], 매슈 사이드. P. 84 >

절름발이 노예 출신이라는 독특한 경력을 가지
고 있는 철학자 에픽테토스도 노력의 중요성에
대해 다음과 같이 말한 적이 있다.

'어떠한 일도 갑자기 이루어지지 않는다. 한 알의 과일, 한 송이의 꽃도 그렇게 되지 않는다. 나무의 열매조차 금방 열리지 않는데 하물며 인생의 열매를 노력도 하지 않고 조급하게 기다리는 것은 잘못이다.'

그의 말처럼 이 세상의 어떤 성공도 갑자기 아무 이유도 없이 이루어지지 않는다. 어떤 작은 성공조차도 그렇게 되는 법은 없다. 성공이라는 열매를 맺기 위해 노력과 연습을 해야 할 뿐만 아니라 시간을 두고 참고 기다리며 인내할 줄도 알아야 한다.

<중용(中庸)> 제15장에 이런 말이 나온다.

" 군자의 도는 비유컨대 먼 곳을 가려면 반드시 가까운 곳에서부터 시작하고, 높은 곳을 오르려면 반드시 낮은 곳에서부터 시작함과 같다."

이 말처럼 위대한 성공은 어느 날 갑자기 하루아

침에 이루어지지 않는다. 그러한 성공은 이 세상에 절대 없다. 위대한 성공을 하기 위해서는 반드시 한 걸을 한 걸음 올라가야 한다. 그리고 그것도 가장 낮은 곳에서부터 시작해야 한다.

위대한 대가들이 '초심(初心)'을 강조하는 이유가 여기에 있다. 조급하게 성급하게 성공을 하려고 하고, 결판을 보려고 하는 사람치고 어떤 분야에서든 대가가 되고, 고수가 되고, 거장이 된 사람은 한 명도 없다.

어떤 분야를 막론하고 거장들은 모두 가장 낮은 곳에서부터, 가장 거친 환경과 대우를 마다하지 않고, 불평하지 않고, 한 걸음씩 올라온 사람들이다. 그래서 그들의 성공이 훨씬 더 아름답고 위대한 것이다.

성공은 하루아침에 이루어지지 않는다는 사실은 우리에게 더 큰 무엇인가를 깨닫게 해 준다. 그리고 그것은 우리가 하루하루를 절대로 헛되이 보내서는 안 된다는 사실을 역으로 일깨워준다.

우리가 두려워해야 하는 것은 실패하는 것이 아니다. 또한, 우리가 두려워해야 하는 것은 나이를 먹는다는 것도 아니다. 우리가 두려워해야 하는 것은 세월을 낭비하고 헛되이 보내는 것이다.

나이를 먹는 것은 내 책임이 아니며, 세월이 흘러가는 것 또한 내 책임이 아니며, 나에게만 일어나는 일이 아니다. 하지만 무엇인가를 향해 한 단계씩 밟아 올라가야 할 그 시간을 헛되이 보내는 것은 자신의 책임이다.

나이를 먹는 것은 어쩔 수 없는 일이지만, 시간을 낭비하면서 헛되이 보내는 것은 어쩔 수 없는 일이 아니다. 매우 어리석은 일에 불과하다. 성공이 하루아침에 일어나는 일이라면 때로는 시간을 낭비해도 괜찮다.

나이 30이나 40이 되어 30대나 40대까지 줄곧 세월을 낭비한다 한들 성공이란 것이 하루아침에 일어나는 일이라면 말 그대로 하루아침에 성공하면 된다. 하지만 성공은 하루아침에 일어나지 않는다.

그리고 큰 성공일수록 더 많은 시간과 노력과 의지가 필요하다. 바로 이러한 이유로 우리는 하루하루 시간을 낭비하거나 헛되이 보내면 안 되는 것이다.

오늘 우리가 무엇을 하였느냐에 따라서 10년 후 우리가 후회할 것인지, 아니면 눈부신 오늘을 맞이하게 될 것인지가 결정 난다.

성공은 하루아침에 이루어지지 않는다는 사실을 통해 우리가 잊어서는 안 되는 것이 또 있다. 그것은 어떤 성공을 하려고 하더라도 오랜 시간이 걸리기 때문에 길게 내다보며 삶의 방향과 목적지를 확실하고도 올바르게 정하는 것이 또한 인생에서 매우 중요하다는 사실이다.

하루하루 정말 열심히 바쁘게 살아가는 사람들이 많다. 하지만 무조건 바쁘게, 열심히 살아간다고 해서 그 사람이 10년 후에도 후회하지 않는 인생을 맞이하게 된다는 보장은 그 어디에도 없다.

열심히 살아가는 것보다 더 중요한 것은 무엇을 위해 열심히 살아가느냐 하는 것이다. 즉 그날그날 우리는 무엇이 가장 중요한지 따져보며, 시야를 넓게 가지고, 인생을 길게 내다보는 것이 무엇보다 중요하다.

성공이 하루아침에 이루어지지 않는 것이기 때문에 더욱더 이러한 자세로 살아가야 할 필요가 있는 것이다. 그리고 성공이 또한 하루아침에 이루어지지 않는 것이기에 꾸준히 노력하고 한 단계씩 밟아 올라가야 한다.

우리가 현실에 만족하고 안주해서는 안 되는 이유가 또한 이것이다. 현실에 만족하고 안주하는 사람은 더는 성공을 기대할 수 없을 뿐만 아니라 그 어떠한 발전과 성장도 더는 기대할 수 없게 된다.

우리가 어디서 무엇을 하든지 적당히, 대충 해서는 안 되는 이유가 바로 여기에 있는 것이다. 하루아침에 이루어지는 것은 아무것도 없다. 특히 적당히, 대충 하게 되면 아무리 오랜 시간 한다 해도 이루어질 수 있는 것은 또한 아무것도 없다.

그래서 성공에는 시간과 노력과 의지가 필요한 것이다. 오랜 시간 동안 최선을 다해 한 가지 목표를 향해 온 힘을 다해야 하는 이유가 바로 여기에 있는 것이다.

 − 백 리를 가는 자에게는 구십 리가 반이다.

" 백 리를 가는 자는 구십 리를 반으로 여겨야 한다."

<전국책(戰國策) > 진책(秦策)에 나오는 말로 '행백리자반구십(行百里者半九十)' 이라는 말

이다. 백 리나 되는 길을 가는 사람은 오십 리를 갔을 때 그것을 반으로 여겨서는 안 된다는 말이다. 오히려 마지막 십 리를 반이 남아있다고 여겨야 한다는 말이다.

구십 리를 왔을 때 반이라고 생각하지 않고, 거의 다 왔다고 생각하면 초심을 잃고 자만하게 되고, 그 결과 구십 리까지는 열심히 잘 왔지만, 그 다음부터는 마음이 해이해져서 끝까지 도달하기 힘들거나 더 많은 시간이 걸릴 수 있기 때문이다.

성공도 이와 다르지 않다. 성공에 대한 목표나 꿈을 크게 가지는 것도 매우 중요할 뿐만 아니라, 그 목표를 달성해 나갈 때 어느 정도 성취되었다고 해서 많은 것이 이루어졌다고 자만해서는 절대 안 된다.

'이 정도면 됐다.' '이제 어느 정도 성장과 번영의 장소에 안착했다.'라며 현실에 만족하고, 자만하는 순간, 그때부터 쇠락의 길을 가게 될 것이 불 보듯 뻔하기 때문이다.

아무리 많은 성공을 해도 우리에게 필요한 것은 초심으로 돌아가는 마음이다. 초심으로 돌아간다는 것은 자기 자신만의 지혜를 믿는 것이 아니라 이 세상 모든 사람의 말에 귀를 열어놓고 겸허하게 수용하고 그 의견을 종합한다는 것을 의미한다.

물론 타인의 말에 좌지우지되는 것은 좋지 못하다. 하지만 타인의 의견과 말에 귀를 닫아놓고 자기 자신의 좁은 생각에만 갇혀 사는 것은 더욱더 좋지 못한 것이다. 모든 성공과 실패는 어쩌면 단발적인 사건에 불과할지도 모른다. 하지만 그 단발적인 사건에서 오랫동안 벗어나지 못하는 것은 어떤 경우에서든 치명적인 손해이다.

성공을 했다 해도 그 성공에 쉽게 도취하여 그것에서 헤어 나오지 못하는 사람은 더 이상의 발전과 성장을 기대할 수 없다. 그뿐만 아니라 실패를 했다 해도 그 실패의 충격이나 절망감에서 쉽게 벗어나지 못하는 사람은 또한 더 이상의 희망을 기대할 수 없다.

2002년 한국의 축구 국가 대표 팀은 정말로 잘해 주었다. 온 국민에게 월드컵 4강이란 희망을 안겨다 주었고, 다이내믹한 한국을 전 세계에 유감없이 보여 주었다. 그때 축구 국가 대표 팀 한 명 한 명에게 감사의 마음을 전하고 싶다.

하지만 아쉬운 부분이 남는다. 그것은 바로 백 리를 가는 사람들이 구십 리를 성공적으로 왔다고 해서 샴페인을 터뜨리고 '이제 됐다.' '우린 이미 많은 것을 이루었다.' '이 정도면 정말 기적과 같은 일을 해낸 것이다.' 라면서 그것에 만족하며 안주했다는 것이다.

축구 국가대표팀은 정말 기적을 일구어내었다. 월드컵 4강이란 성적은 최고의 성적이다. 더 이상을 요구하는 것은 욕심일지도 모른다. 하지만 아쉬운 것은 월드컵 4위라는 성적이 아니라, 대표 팀의 마음 자세이다.

4강전까지 한국의 축구 국가대표팀은 기적과 같은 승리를 우리 국민에게 보여 주었다. 그로 인해 우리 국민은 이 세상의 그 어떤 나라 국민보다 더 행복하고 짜릿한 순간을 경험하게 되었을 것이다.

하지만 4강전에 출전한 한국의 선수들은 모두 제 기량을 마음껏 발휘하지 못 하는 것처럼 보였고, 결국 패하고 말았고, 연이어 터키하고의 3.4위전에서도 어처구니없는 실수를 하면서 패하고 말았다.

세계 최강인 이탈리아와 스페인을 맞아서 그들을 차례차례 격파해낸 한국의 대표 팀이 4강전부터는 맥을 추지 못했다. 물론 다른 많은 이유가 있었겠지만, 필자는 패인을 선수들의 마음 자세에 있다고 말하고 싶다.

그리고 그 마음 자세란, '백 리를 가는 자에게는 구십 리를 반으로 쳐야 한다.'는 사실을 잊고, '이 정도 했으니 정말 기적과 같은 일을 해

냈다'라고 스스로 현재의 결과에 대해 만족하는 그런 마음을 주었다는 것이다.

실제로 한국 팀은 세계 최강의 이탈리아를 이겼을 때, 꿈을 꾸는 것 같았다. 너무나 놀라운 일이었기 때문이다. 그런데 세계 최강의 스페인과도 승부차기라는 힘들고 어려운 전쟁을 치른 결과 승리를 했다.

얼마나 기적과 같은 일이었을 까? 이날 경기가 끝나고 호텔에서 국가 대표 팀은 축제를 벌였다고 한다. 샴페인을 터뜨리고 그 기적과 같은 순간을 오래 기억하기 위해 자축연을 벌였다.

이것이 바로 우리가 4위를 하게 된 이유이다. 우리는 물론 축구 성적이나 결과에는 대만족을 할 수 있다. 실제로도 그렇다. 하지만 축구 선수들이 조금만 더 초심으로 돌아가서 냉정해지고, 다음 경기에 임했더라면 정말 기적을 만들어 낼 수도 있었을 것이라고 충분히 생각해 볼 수 있을 것이다.

지금 삼성이 세계 경기 침체인데도 사상 최대의 분기별 실적을 연이어 낼 수 있는 것은 삼성은 절대 자만하거나 현실에 안주하거나 지금까지의 성적, 오늘의 업적에 만족하지 않기 때문이다.

　세계 경기 침체로 독보적인 세계 1위 기업인 노키아나 일본의 거대한 기업 소니가 몰락하고 있었을 때도, 삼성은 연이어 사상 최대의 실적을 낸 적이 있었다. 삼성은 아무리 좋은 성과를 내고 있다고 해도 '이제 됐다'라고 생각하지 않는다. '아직 멀었다.' '한순간에 몰락할 수 있다.' '지금이 위기다'라는 생각을 항상 하고 있다.

　이러한 생각이 삼성을 더 강하게 만들고, 더 성공하게 만드는 것이다. 개인도 이와 다르지 않다. 어느 정도 성공한 사람들은 항상 '이제 됐다'라고 하면서 현실에 안주하게 여기저기서 인터뷰를 하자고 하고, 여기저기 매체에 자신의 이름과 사진이 나온다.

그렇게 되면 대부분 사람은 초심을 잃게 되고, 마치 자기 자신이 이제 다 된 것처럼 생각하게 된다. 이것이 바로 함정이고 유혹이다. 위대한 사람들은 잘 나갈 때 더욱더 초심을 잃지 않고, 더욱더 열심히 하며, 더욱더 조심한다.

그래서 그 사람이 탁월한 인물인지 아닌지를 살펴볼 수 있는 절호의 기회는 그 사람이 철저하게 실패를 했을 때와 잘 나갈 때이다. 그리고 이 두 가지 경우 중에서도 더 많은 사람이 넘어지게 되는 경우는 후자이다.

실패했을 때, 시련과 고난이 찾아 왔을 때만 '이 또한 지나가리라' 라는 말을 명심하며 살아가야 하는 것이 아니다. 잘 나갈 때, 거의 성공했을 때, 이미 성공했다고 생각될 때, 이 말을 명심해야 한다.

모든 성공과 실패는 단발적인 것이다. 지속적으로 성공하고 싶다면 어제의 성공은 완전하게 잊어야 한다. 구십 리를 온 사람이 어제까지 자신이 걸어왔던 구십 리를 완전하게 잊고, 자신이 가야 할 남은 십 리를 마치 오늘 처음으로 시작하는 것처럼 생각하며 살아가야 한다.

우리에게 매우 다행스러운 것은 모든 패배는 단발적인 사건이라는 것이다. 또한, 동시에 우리에게 불행한 한 가지 사실은 모든 성공도 단발적인 사건이라는 것이다.

<손자병법>에 나오는 '전승불복 戰勝不復'이란 말처럼 이 세상에 영원한 승리는 없다. 승리에 도취하는 순간 이미 패배는 등 뒤에서 기다리고 있다. 그러므로 잘 나갈 때, 승리했을 때 더 조심해야 하고, 더 초심으로 돌아가야 한다.

— 단순함이 당신을 최고의 자리에 서게 해준다.

' 여우는 많은 것을 알고 있지만, 고슴도치는 하나의 큰 것을 알고 있다.'

20세기를 대표하는 위대한 자유주의 사상가이자 영국의 철학자이자 정치 사상가인 이사야 발린 (Isaiah Berlin)의 수필 <고슴도치와 여우(The Hedgehog and the Fox) (우리는 톨스토이를 무엇이라 부르는가) >에 나오는 이 말은 고대 그리스 시인 아르킬로코스의 말에서 비롯된 말이다.

그는 자신의 이 책에서 인간을 두 가지 유형으로 나누어 인간을 바라보는 방법인 고슴도치 형과 여우형으로 나누어, 톨스토이를 비롯한 수많은 지식인을 언급하고, 분석한다. 그러다가 < 좋은 기업을 넘어, 위대한 기업으로(Good to Great) >의 저자인 짐 콜린스가 이 두 가지 유형을 기업의 전략으로 승화시켜 해석하기에 이르렀다.

짐 콜린스는 좋은 기업에서 위대한 기업으로 도약한 위대한 경영자들이 사용한 전략은 꾀가 많고, 약삭빠르고 이것저것 눈치 빠르게 여러 가지 전략을 상황에 맞게 구사하는 그런 여우의 전략이 아니라, 미련하고 바보스럽기까지 보일 정도로 우직하게 하나의 크고 단순한 전략을 구사하는 그런 고슴도치 전략이라는 사실을 밝혀냈다.

여우와 고슴도치가 싸우게 되면, 여우는 고슴도치를 이기기 위해 다양한 전략을 구사한다. 하지만 여우와 비교하면 고슴도치의 전략은 너무나 단순하다. 그저 우직하게 몸을 웅크리고 자신의 가장 큰 무기이자 자신이 가장 잘 할 수 있고, 자신이 할 수 있는 유일한 것인 가시를 세우는 것뿐이다.

하지만 승자는 언제나 고슴도치이듯, 이 책에서 짐 콜린스가 언급하는 많은 위대한 기업들은 모두 '고슴도치의 웅크리고, 가시 세우기'와 같은 단순한 전략으로 위대한 기업으로 도약을 하고 승리를 거머쥐었다.

우리의 인생 전략도 이와 다르지 않다.

성공하는 사람과 실패하는 사람, 부자와 가난한

사람, 고수와 하수, 대가와 평범한 사람들의 가장 큰 차이는 한 마디로 '단순함과 복잡함'이라고 할 수 있다.

위대한 과학자 아인슈타인은 세상의 모든 복잡한 원리를 단순한 하나의 공식에 다 집어넣어 단순화했다. 그의 위대함은 바로 이러한 단순함에 있는 것이다.

인류에게 스마트폰 혁명을 선사해준 위대한 혁신의 아이콘인 스티브 잡스의 아이폰에 세상이 열광하게 된 단 한 가지 이유는 '단순함'이었다. 아이폰이 출시되기 전에도 스마트폰은 여전히 이 세상에 존재했고, 더 많은 기능과 성능의 첨단 스마트폰은 삼성과 노키아에서 이미 오래전에 생산 판매를 하고 있었다.

하지만 세상은 그러한 스마트폰에 주목하지 않았다. 그 어떤 열광도, 흥분도, 전율도, 감동도, 감성도 인간을 터치하지 못했기 때문이다. 스티브 잡스의 아이폰은 이전의 고기능, 높은 사양의 복잡한 디자인의 스마트폰들과 완전하게 달랐다.

  '심플(simple)!'

 한 마디로 단순함의 극치를 보여 준 아이폰에 세
상은 열광하기 시작했고, 흥분하고, 감동하고, 전
율하며, 스마트폰을 사용하면서 인간의 내면에
잠자고 있던 감성이 깨어나는 신비한 체험을 하
게 되었다.

 모든 포털 사이트들이 좀 더 많은 것들을 첫 화
면에 담기 위해 죽을힘을 다하고 있지만, 구글은
다르다. 구글의 첫 화면은 한 마디로 '심플, 그
자체'다. 검색창이 넓은 텅 빈 화면 중앙에 하나
가 있을 뿐, 대부분 내용이 다 없다.

 이러한 구글, 애플은 세계적 기업 브랜드 가치
순위를 조사해보면 항상 1위에서 3위 사이에
자리매김한다. 영국의 브랜드 파이낸스(Brand
Finance)에서 발표한 2022년 글로벌 기업 브랜
드 가치 순위를 보면 1위와 3위가 애플과 구글이

다.

　단순함은 또한 간결함이다. 그리고 그 간결함은 이 시대를 알게 모르게 지배하고 있고, 인류를 사로잡고 있다. 이러한 사실을 잘 나타내 주는 대목을 '행동 심리학이 파헤친 인간 내면에 관한 매혹적 통찰'에 대한 책인 [언씽킹(Unthinking)]이란 책에서 살펴볼 수 있다.

　" 위에 적힌 10개의 제목과 4개의 이름을 보면 '간결함'이라는 그들의 공통적인 특징에 매료되지 않기는 어려울 것이다. 상위 5위권에 드는 책들의 제목은 평균 9글자다. 상위권의 영화들은 평균 10.4글자다. 최고의 제품들은 평균 6글자다.
　2000년 페더럴 익스프레스는 자사의 이름이 너무 길다는 사실을 인식하고는 페덱스(FedEx)라고 획기적으로 줄였다. 스스로를 애플(Apple)처럼 간결하게 보이도록 만든 것이다. "
(240~241쪽, 해리 벡위드, [언씽킹])

알게 모르게 우리는 단순한 것, 간결한 것, 빠른 것, 심플한 것에 사로잡히는 경향이 있다. 이러한 사실은 2023년 베스트 글로벌 브랜드를 조사한 인터브랜드의 결과에서도 쉽게 찾아 볼 수 있다.

1위에서 6위까지 기업들을 살펴보자.

1위. 아마존 (세 글자)

2위. 애플 (두 글자)

3위. 구글 (두 글자)

4위. MS (두 글자)

5위. 월마트 (세 글자)

6위. 삼성 (두 글자)

글로벌 브랜드들은 모두 간결하고 심플하다. 그리고 그것이 글로벌 브랜드로 도약하는 데 엄청난 영향을 주었다는 사실을 우리는 알 수 있다. 마이크로소프트사를 우리는 알게 모르게 MS 라고 부른다. 제너럴일렉트릭을 우리는 알게 모르게 GE라고 부른다.

이러한 사실이 우리에게 알려 주는 것은 우리가 본능적으로 단순하고 간결하고 심플한 것들을 좋아한다는 것이다. 그리고 이것은 또한 우리에게 어떤 삶을 살아갈 때 가장 효과적인지를 잘 설명해 준다.

일상생활에서 단순함을 추구하고, 자신의 분야에서 그것을 해 나가는 방식을 단순함으로 정한 사람들은 대부분 그 분야에서 최고의 자리에 오르게 된다는 사실은 단순함이 의미하는 특성들에 대해 통찰하게 만든다.

단순함의 위력을 잘 말해 주는 것은 한 마디로 이것이다.

'수적천석[水滴穿石]'

작은 물방울이라도 끊임없이 떨어지면 결국엔 돌에 구멍을 뚫을 수 있다. 단순함의 본질은 바로 이것이다. 한 가지의 일만 할 정도로 좁고 깊게 파고드는 것이다.

대부분 고수와 대가들은 모두 단순한 삶을 살았던 사람들이다. 이것도 하고, 저것도 하면서 팔방미인이 된 사람들은 얼마 가지 못해 그 분야에서 최고의 자리에서 내려오게 된다는 것을 우리는 매스컴을 통해 충분히 볼 수 있게 된다.

축구 선수가 어느 정도 명성을 얻었다고, 축구에 매진하지 않고, 광고를 찍고, 예능에 출연하고, 뮤직비디오에도 나오는 선수가 있다. 이 선수들을 보면 몇 년 후에는 축구 선수로 대성하지 못하고, 축구 경기에조차 나오지 못한다는 것을 알게 된다.

하지만 명성을 얻었다 해도 묵묵히 자신의 본업에 충실하며, 축구를 꾸준히 해 오는 이들은 오랫동안 축구를 하면서, 더욱더 큰 성장을 하는 것을 보게 된다. 결국, 단순함이란 우리가 가진 자원과 에너지와 시간을 하나에 집중하게 하는 전략이다.

인간에게 단순함의 전략이 필요한 이유는 인간의 능력이 유한하기 때문이다. 시간도, 능력도, 재능도, 에너지도 유한하므로 여러 군데로 분산시키는 사람보다는 하나에 집중하는 사람이 훨씬 더 잘할 수밖에 없다는 사실을 명심해야 한다.

' The simple is the best '

세계적인 햄버거 체인 맥도널드의 초기 전략처럼 맥도널드가 세계적으로 여전히 승승장구할 수 있는 것은 맥도널드가 선택한 단순함의 전략 때문이라고 할 수 있다. 다양한 메뉴를 많이 만들어 팔지 않고, 타깃과 제품을 단순화하여 파는 것을 통해 오랫동안 장수하는 장수 기업이 될 수 있었다.

10년 후 후회하지 않을 내 인생을 살고자 하는 이들에게 단순함의 전략이 필요한 또 다른 이유는 이 세상의 모든 문제는 그 본질상 단순하기 때문이다. 고대의 철학자 아리스토텔레스는 '현상은 복잡하지만, 본질은 단순하다' 라고 말한 적이 있다.

이 말을 우리가 명심해야 할 필요가 있는 것은 우리가 삶에 휘둘리는 가장 큰 원인은 복잡한 현상의 포로가 되기 쉽고, 실제로 그렇게 되어 정신을 빼앗긴 채 살아가고 있기 때문이다.

쉬운 예로 조용한 시골이나 산속에서 사는 사람일수록 자신을 성찰하며 세상에 휘둘리지 않고 살아갈 수 있지만, 복잡한 도시로 나와 정신없이 살아가는 사람일수록 자신을 성찰하며 본질을 통찰할 그런 기회 혹은 능력을 점점 잃어버리면서 살게 된다는 것을 들 수 있다.

위대한 경영자일수록 '무엇을 해야 할 것인가? '가 아니라 ' 무엇을 버려야 할 것인가? '라는 질문을 두고 고민하고 그것에 집중하는 경향이 있다. 그리고 그것은 좀 더 본질에 접근하고자 노력하고 있음을 엿볼 수 있게 해 준다.

단순함은 결국 선택과 집중의 문제라고 할 수 있고, 선택과 집중의 대상은 자신이 하는 일의 본질이 되어야 한다.

 삼성을 30년 만에 300배 성장시킨 이건희의 남다른 능력은 업의 본질을 꿰뚫어 볼 수 있는 능력이다. 그에게 경영이 무엇이냐고 단도직입적으로 물어보면, 그는 '보이지 않는 것을 보는 것'이라고 대답한다. 그리고 보이지 않는 것을 보는 것은 결국 본질에 집중하는 것이 가장 중요한 기본이 된다는 것이다.

 그는 1997년 출간한 자신의 에세이 [생각 좀 하며 세상을 보자]라는 책에서 업의 개념과 관련하여 다음과 같이 언급한 적이 있다.

 " 나는 삼성의 임직원들에게 '업의 개념'에 대해 자주 이야기한다. 그런데도 '당신은 하는 일의 ' 업의 개념 '이 무엇이냐?' 라고 물으면 대부분의 사람들이 당황한다. 대답할 준비가 되어 있지 않기 때문이다. 자기가 하는 일의 본질이 무엇인지를 깊이 생각해 보지 않는다는 의미이다. 손을 들어 달을 가리키며 달을 보라고 외치는데 달은 보지 않고 손만 쳐다보고 있다면 어찌 되겠는가?

목적과 본질 파악이 나의 원천이라면 숲을 먼저 보고 나무를 보려 하는 노력은 나의 습관이다. 동양과 서양은 크게 다른 사고방식을 가지고 있는데 대표적인 예가 주소표기법이다. 우리는 국가, 시도, 시군구, 동읍면의 순으로 전체에서 부분으로 접근하고 있다. 그러나 서양은 그 반대다. 나는 동양의 주소 표기 방식으로 문제에 접근하는 것을 좋아한다. 일을 할 때 대소완급의 구분도 매우 중요하다. 이는 곧 일의 본질에 바탕을 두고 우선순위를 판단하는 것이다. "   < 이건희 에세이 [생각 좀 하며 세상을 보자] 34 ~ 35쪽 >

본질에 집중한다는 것은 비본질적인 것을 과감하게 버린다는 것이다. 단순함을 삶의 전략과 방식으로 삼아서 살아가는 것이 체질이 된 사람들은 비본질적인 잡다한 것들에 신경을 쓰지 않는다. 그래서 그런 사람들이 최고가 될 수 있고, 실제로 최고가 되는 것이다.

로마제국의 제16대 황제로 5현제(賢帝)의 마지막 황제인 마르쿠스 아우렐리우스도 단순화하는 것에 대해 그는 자신의 저서인 [명상록]에서 이런 말을 한 적이 있다.

" 당신은 이러저러한 일을 보았는가? 그렇다면 일의 다른 일면도 주의 깊게 보아야 한다. 자신을 흐트러뜨리지 말라. 스스로를 단순화시켜라. 누군가 당신에게 해를 입히는가? 그는 자신에게도 해를 입히는 것이다. 당신에게 어떤 일이 일어났는가? 개의치 말라. 태초부터 우주에서 일어나는 모든 일은 당신에게 주어진 것이고 당신의 운명에 들어있는 것이다. 요컨대 당신의 인생은 짧다. 이성과 정의의 도움을 받아 현재를 이용하는 데 집중하라. 긴장을 늦추면서도 깨어 있으라."

그의 말대로 우리는 우리 스스로를 먼저 단순화시킬 필요가 있다. 지나치게 많은 일을 다 잘 할 필요는 없다. 그리고 그것은 현명한 선택이 아니다. 중요한 한두 가지만 잘 하면 된다. 심지어 단한 가지에 평생 일로매진하는 사람도 있다. 탁월함은 바로 여기서 발현된다.

지금 시중에 정리법, 청소법 등의 서적들이 어느 정도 인기를 끄는 이유는 단순함의 위력이 청소나 정리를 통해서도 어느 정도 느낄 수 있기 때문이다. 하지만 그것의 본질은 청소나 정리 그 자체가 아니라 청소나 정리를 통해 우리의 삶이 단순해지고 간결해짐으로써 얻게 되는 우리의 단순한 삶의 방식이라는 사실을 우리는 알아야 한다.

존 맥도널드의 [꿈의 기술]이란 책에 보면 이러한 사실에 대해 강조하는 부분이 나온다.

" 여러분의 정신은, 세월이 흐르면서 불필요해진 가구들이며 그림과 장식품 등의 온갖 잡동사니들이 어지럽게 널려 있는 집과 같습니다. 질서가 없으니 목표가 없고, 목표가 없으니, 발전도 없습니다. 따라서 제일 먼저 필요한 일은 성공에 꼭 필요한 가구들만 남겨두고 모두 치우는 것입니다."

그의 말처럼 우리는 후회하지 않는 인생을 살아가고, 맞이하기 위해서 성공에 꼭 필요한 것만을 남겨두고, 모두 버리고 치우는 것이 필요하다. 그것이 단순한 삶의 방식이다. 단순한 것이 최고의 삶의 방식이다.

당신이 알게 모르게 최고가 되어 가고 있다면, 당신은 당신도 모르게 단순한 삶의 방식을 추구하며 단순하게 살아오고 있다. 하지만 당신의 알게 모르게 평범해져 가고 있다면 그것은 당신이 알게 모르게 너무 복잡하게 살고, 너무 많은 것들을 하면서, 너무 많은 사람을 만나고, 너무 많은 일을 하기 때문이다.

당신이 지금 이런 삶을 살고 있다면 당신이 가장 먼저 해야 할 것은 모든 것을 과감하게 버리고, 단순한 삶을 살아야 한다. 당신이 갑자기 모든 것이 하기 싫고 모든 것이 시들해지고, 모든 의욕이 사라지고 왜 살아야 하는지를 모르고 방황하게 된다면 그것은 당신의 삶이 너무 복잡하게 너무 많은 것들에 연관이 되어 있기 때문이다.

친구나 사람도, 취미나 여가 활동도, 일이나 프로젝트도, 정보나 지식도, 생각이나 고민도 당신은 지금 너무 많이 하고 있다. 그것이 당신의 문제일 수도 있다. 그러므로 당신의 삶에 다이어트가 필요한 것이다.

그리고 이것은 당신의 10년 후 인생에서 후회하지 않고 살아가기 위해서도 필요한 것이다. 당신을 최고로 만들어주고, 인생의 고수로 만들어주는 것은 너무 많은 관계나 일이나 활동이 아니라 단순하고 간결하지만 깊고 굵은 관계와 일과 활동이다.

하수일수록 오만가지 생각과 일로 복잡하고 번잡하게 하루하루를 살아간다. 하지만 고수일수록 단 한 가지 생각과 일로 단순하지만, 집중적이고 깊은 내공이 있는 하루하루를 살아간다. 하수는 하루이므로 그렇게 살아가고, 고수는 고수이므로 이렇게 살아가는 것이 아니라, 그렇게 살아가니까 점점 더 하수가 되고, 이렇게 살아가니까 점점 더 고수가 되어 가는 것이다.

우리에게 필요한 것은 단순함이다.

– 꾸준함을 이길 그 어떤 것도 존재하지 않는다.

" 내가 당신들에게 내 성공의 비밀을 털어놓겠다. 나의 모든 힘은 끈기 이외에는 아무것도 없다."

1881년 5월 5일, 프랑스 푸이 르포르 목장에서 염소와 소와 양에게 백신이 주사되었다. 그리고 17일에 또 한 번 접종이 이루어졌다. 그리고 31일에는 병독성이 강한 탄저균이 들어있는 용액이 주사되었고, 그와 동시에 백신을 한 번도 맞지 않은 염소와 소와 양에게도 탄저균이 주사되었다.

그로부터 사흘 후 그곳에서는 역사적 발견이 공식적으로 입증되었다. 탄저병 백신을 접종받은 동물들은 모두 건강했지만, 그렇지 않고 탄저균을 주사 받은 동물들은 모두 이미 죽었거나 열병 증상을 보이면서 서서히 죽어가고 있었기 때문이다.

과학사와 산업사에서 가장 가치 있는 업적을 세운 프랑스의 화학자이자 미생물학자인 루이 파스퇴르(Louis Pasteur)는 미생물이 질병과 발효의 원인이 된다는 사실을 증명했다. 이뿐만 아니라 광견병, 탄저병, 닭 콜레라 등에 대한 백신을 최초로 만들었다.

'백신 실험의 성공은 프랑스의 성공이다.'

라고 말한 그를 프랑스 시민들은 나폴레옹보다 더 위대한 업적을 남긴 위인으로 추앙하고 있다. 그가 위대한 업적을 성취해 낼 수 있었던 비결을 묻는 사람들에게 대답하는 말이 바로 이 말이다.

그의 모든 힘은 끈기 이외에는 아무것도 없었다. 이처럼 끈기는 우리가 상상도 하지 못 하는 위력을 발휘해 낸다. 끈기는 과학자에게만 필요한 것이 아니다. 글을 쓰는 작가에게도 필요한 것이다.

" 어떤 일을 마무리했다고 그것이 곧 걸작이 되는 건 아니다. 나는 책을 100권 이상 만들어냈다. 물론 모든 책이 잘 나가지는 않았다. 하지만 그 책들을 쓰지 않았다면 나는 이 책(린치핀)을 쓸 기회를 얻지 못했을 것이다."

<보랏빛 소가 온다> <린치핀>으로 우리에게도 유명한 베스트셀러 저자인 세스 고딘(Seith Gordin)의 말이다. 우리는 그의 이 말에서 그가 꾸준히 책을 쓰지 않았다면 <린치핀>과 같은 걸작을 쓸 수 없었을 것이라는 사실에 대해 알 수 있다.

결국, 세스 고딘이 위대한 작가가 될 수 있게 해준 것은 꾸준함이었다. 꾸준함은 세스 고딘에게만 적용되는 강력한 힘은 아니다. 대부분의 천재

들과 예술가들도 모두 꾸준함을 통해 최고의 자리에 오를 수 있었다.

모차르트는 매우 어렸을 때부터 꾸준하게 작곡을 해 왔다. 그 덕분에 모차르트는 우리가 알고 있는 그런 음악의 신동이라는 소리를 들을 수 있는 위대한 작곡가가 될 수 있었다. 모차르트가 평생 꾸준하게 작곡을 해 왔다는 증거는 그가 평생 6백 편 이상의 작품을 작곡했다는 사실을 통해서도 알 수 있다.

그리고 그가 처음에는 그렇게 비범한 음악 천재가 아니었지만, 꾸준히 작곡 연습을 한 결과 10년 후부터 비범한 곡들을 작곡해 내기 시작했다는 사실을 통해서도 우리는 꾸준함이 최고가 되는 최고의 비결이라는 사실을 알 수 있다.

서문에서 이미 모차르트가 10년이라는 세월 동안 수많은 곡을 쓴 다음에야 비로소 훌륭한 음악을 연거푸 내놓을 수 있게 되었다는 사실에 대해 말했다.

피카소 역시 10년 이상 꾸준히 그림을 그렸기 때문에 10년 후인 십 대 때 거장이 될 수 있었고, 그 이후로도 평생 하루에 한 장의 그림을 그릴 정도로 꾸준히 그림을 그렸기 때문에 지금까지 우리는 그의 이름과 작품을 기억하고 있다는 것에 대해 말했다.

하지만 그가 정확히 어린 시절에는 우리에게 알려진 대로 천재 화가가 아니었다는 사실에 대해 추가로 더 알 수 있는 대목이 있다.

" 음악과 달리, 회화 분야의 신동은 없습니다. 어린 천재란 그저 유년기의 천재일 뿐이지요. 나이가 좀 더 들면 아무 흔적도 남기지 않고 사라집니다. 그런 아이도 미술가가 될 수는 있지만, 처음부터 다시 시작해야 합니다. 가령 나는 천재가 아니었습니다. 내가 처음 그린 그림은 아동 전시회에서도 걸리지 못했어요. 아이다운 천진성이나 소박함이 없었던 거지요. …. 어린 시절에 나는 그저 아카데미 화풍에 따라 그림을 그렸는데, 지

금 보면 충격을 받을 정도로 거의 똑같이 베끼다
시피 했더군요."

(하워드 가드너, 《열정과 기질》,
북스넛, p.263)

결론은 피카소도, 모차르트도 꾸준함이 없었다
면 천재로 도약할 수 없었다는 사실이다.

우리나라 조상 중에서도 위대한 학자들의 경우를
살펴보면, '꾸준함'이 그들을 최고의 자리로
이끌었던 가장 큰 원인이라는 사실을 쉽게 알 수
있다.

추사 김정희 선생은 시 詩, 서 書, 화 畵 분야에
서 독창적이며 뛰어난 업적을 남긴 조선 시대의
대표적인 학자이자 예술가이다. 그가 그렇게 독
창적이고 뛰어난 업적을 남길 수 있었던 것은 엄
청난 양의 노력과 연습 그리고 훈련과 공부 때문
이었다.

그가 큰 업적을 남기고 추사체의 창시자가 된 것은 그의 재능 때문이 아니라 그의 노력 때문이었고, 그것은 한 마디로 꾸준함이 그를 만들었다는 것을 알 수 있다.

이러한 사실을 우리는 그가 유배 생활을 했던 제주도 추사유배지에 있는 추사관에 있는 관련 자료를 통해 쉽게 알 수 있다.

제주 유배 생활은 55세가 된 육지의 사대부 양반이 견디기에 벅찼을 것이다.
그런데 아이러니하게도 9년 동안의 제주 유배가 추사의 업적에 큰 영향을
끼쳤다. 추사는 소나무와 잣나무 같은 굳은 의지로 산고(産苦)와 같은 제주의
삶을 극복하면서 당대 최고의 학자가 된 것이다. <추사체>와 <세한도>는
제주가 준 작은 선물이었다.

모거리(별채)는 김정희가 기거하던 곳이다. 집 울타리 밖으로 나갈

수 없는 위리안치 圍籬安置의 형을 받은 김정희는 이곳에서 학문과 예술을 심화시켰다. 그의 추사체는 벼루 열 개를 구멍 내고 붓 천 자루를 닳아 없어지게 했다고 할 정도로 고독한 정진 속에서 완성되었다고 할 수 있다.

조선 후기 실학을 집대성한 다산(茶山) 정약용(丁若鏞) 선생도 또한 그의 위대한 업적을 가능하게 해 준 것은 '꾸준함'이라고 할 수 있다. 다산 정약용이 집필한 책으로 그가 남긴 책은 무려 500여 권이다. 그런데 1000여 권을 저술했다고 알려진 선조가 있다. 그 신화적인 선조가 바로 혜강 최한기 선생이다. 하지만 지금까지 남아 있는 책으로 보면 당연히 다산 정약용이다.

우리는 공자의 위편삼절(韋編三絶)에 대해서는 많이 알고 있다. 공자가 주역을 공부할 때 가죽끈이 세 번이나 끊어질 정도로 열심히 공부했다는 뜻이다. 하지만 이와 비슷한 맥락을 가지고 있으면서, 우리 선조인 다산 정약용과 관련된 과골삼천(⊠骨三穿)에 대해서는 상대적으로 조금 알고 있다.

 다산 정약용 선생이 20년 동안의 유배 생활 동안 공부를 얼마나 열심히 그리고 꾸준히 했는지를 나타내 주는 말이 바로 '과골삼천'이란 말이다. 복사뼈에 세 번이나 구멍이 날 정도로 공부를 했다는 것을 의미하는 이 말은 그가 얼마나 꾸준히 공부에 일로매진했던 인물인지를 분명하게 알 수 있게 해 준다.

 정확히 그는 유배 18년간 500권의 책을 저술할 정도로 엄청난 양의 공부와 집필을 했다. 방바닥에 닿은 복사뼈에 세 번이나 구멍이 나야 할 정도로 그는 늘 돌부처처럼 앉아 공부에 힘쓴 인물이었다.

 " 늘 돌부처처럼 앉아 저술에만 힘쓰다 보니 방바닥에 닿은 복사뼈에 세 번이나 구멍이 뚫렸다."

다산 선생은 경제학자이자, 교육학자, 지리학자, 과학자, 저술가로서 빛나는 업적을 남겼다. 그리고 그것이 가능했던 것은 그의 천재성이나 재능 때문이 아니라 그의 꾸준함 때문이었다.

복사뼈에 구멍이 세 번이나 날 정도로 무엇인가를 꾸준히 일로매진할 수 있는 사람이라면 누구나 자신을 크게 도약시킬 수 있을 것이다.

조선 시대 대표적인 글쟁이로 연암 박지원 선생과 다산 정약용 선생을 꼽을 수 있다. 그런데 연암 박지원 선생 또한 하루도 빠지지 않고 공부를 했던 인물이었다.

"선비가 하루 독서(공부)하지 않으면 면목이 곱지 못하고 언어가 곱지 못하고, 갈팡질팡하여 몸을 의지할 데가 없어지고 마음을 둘 데가 없어진다."

꾸준하게 한 가지에 천착한다는 것은 최고의 경쟁력이다. 우리가 그러한 꾸준함을 갖출 수 있다면 우리는 거대한 일을 해낼 수 있고, 울창한 숲과 끝없는 바다도 이룰 수 있다. 한없이 약한 작은 물방울이 단단한 바위를 뚫을 수 있다는 것을 명심하자.

꾸준함은 우리에게 우리가 하는 일을 점점 더 쉬워지게 만들어주고, 점점 더 잘 할 수 있게 만들어준다. 일 자체가 쉬워지거나 잘 할 수 있게 되었기 때문이 아니다. 그 일을 하는 우리 자신의 실력과 능력이 그만큼 증대되었기 때문이다.

대부분 사람은 꾸준하지 못하다. 그리고 이것은 대부분 사람이 위대한 삶을 살지 못하고, 위대한 인물이 되지 못 하는 가장 큰 이유이다. 그리고 대부분 사람이 꾸준하지 못한 이유는 대부분 사람이 지루함을 참지 못하기 때문이다.

그리고 이것은 대부분 사람이 한 가지 일에 능숙하게 되고, 실력을 길러서 대가가 되지 못한다는 것을 의미한다. 그리고 대부분 사람은 자신에게 능력이 없으므로 그렇다고 변명을 늘어놓는다. 정작 그들에게 없는 것은 능력이 아니라 지루함을 참을 수 있는 인내와 그 인내의 결과이기도 한 꾸준함이라는 사실을 그들은 모른다.

그러한 사실을 모르기에 그들은 되지도 않는 애꿎은 능력 탓을 하면서도 왜 자신이 그런지에 대해 궁금해한다.

모든 위대한 인물들과 독창적이고 창조적인 인물들은 지루함을 이겨내고 그 지루함마저 독창적인 대가가 되는 기분 좋은 정상의 자리로 나아가기 위해 지나야 하는 협소한 길이라고 생각한다.

평범한 사람들은 지루함을 넘어 나아가는 방법을 알지 못한다. 하지만 위대한 이들은 지루함을 넘어 행복한 등산길로 나아가는 방법을 알고 있다. 그래서 그들은 훨씬 더 꾸준함을 가진 자들이 될 수 있고, 그 꾸준함의 결과로 그들은 위대한 인물로 도약하게 되는 것이다.

위대한 인물들을 필연적으로 찾아오는 지루함을 두려워하지 않으며, 지루함에 대해 과대평가도 하지 않으며, 지루함에 대해 불평도 하지 않는다. 그들은 지루함에 대해 회피해야만 하는 그 무엇으로 인식하지 않는다. 그들은 지루함이 무능력의 증거라고 생각하지 않는다. 오히려 그들은 지루함이 창조적인 공간으로 나아가는 데 꼭 필요한 출입구라고 생각한다.

'인간은 자신을 뛰어넘어야 할 그 무엇'이라고 말한 니체는 이러한 사실에 대해 이렇게 말한 적이 있다.

" 일에서 즐거움을 얻을 수 없다면 죽는 게 낫다고 생각하는 사람들이 있다. 그들은 까다로우며 일에 비해 과도하게 많은 보수를 받는 것을 달가워하지 않는다…….
그들이 두려워하는 것은 지루함이 아니라 일에서 즐거움을 얻을 수 없는 상황이다. 그들은 지루함을 많이 겪어야만 일을 성공시킬 수 있다고 생각한다. 모든 독창적인 사람들에게 지루함은 행복한 항해와 기분 좋은 바람에 앞서 찾아오는 불쾌한 영혼의 '소강상태'이다. "

그의 말대로 우리는 우리 자신을 뛰어넘기 위해서라도 지루함을 이겨낼 줄 알아야 하고, 꾸준한 사람이 되어야 할 필요성이 있다. 더군다나 후회하지 않는 삶을 살고, 그러한 삶을 10년 후 맞이하기 위해서는 지루함을 이겨낼 수 있어야 한다.

이러한 사실에 대해 잘 알려 주는 사람이 바로 <아웃라이어>의 저자이기도 하면서, 세계적인 경영 대가 10인 중의 한 명인 말콤 글래드웰이다. 그는 자신의 이 책을 통해서 위대한 아웃라이어(Outliers)가 되기 위해서는 1만 시간이라는 시간과 싸울 수 있어야 한다고 말한다.

1만 시간은 어떤 분야에서 대가가 되고, 거장이 되고, 두각을 나타내기 위해 필요한 시간이며, 이것은 하루에 3시간이라는 지루한 시간을 10년 동안 꼬박 보내야 하는 그런 시간에 맞먹는다.

빌 게이츠가 컴퓨터 황제가 될 수 있었던 것도, 록의 전설인 비틀스가 그렇게 될 수 있었던 것도 모두 1만 시간을 꾸준히 일로매진할 수 있었기 때문이다. 그리고 그것의 토대가 된 것은 한 마디로 '꾸준함'인 것이다.

비틀스가 처음부터 매력적이고 연주 실력이 뛰어난 록밴드가 아니었다. 그들은 함부르크에서 돈을 벌기 위해 아르바이트로 하루에 여덟 시간씩 연주하고 또 연주했다. 그들이 그렇게 지루한 시간을 이겨냈기에 그들의 연주 실력은 엄청난 도약을 하게 되었고, 그로 인해 사람들은 그에게 열광하기 시작했다.

당신은 1만 시간 동안 한 가지에 몰입할 수 있는가? 10년 동안 꼬박 하루에 세 시간을 집중할 수 있는가?

– 눈부신 미래를 만드는 것은 사소한 일상이다.

" 얻어먹은 빵이 얼마나 딱딱하고, 남의집살이가 얼마나 고된 것인가를 스스로 경험해보라. 추위에 떨어본 사람이 태양의 소중함을 알듯이, 인생의 힘겨움을 통과한 사람만이 삶의 존귀함을 안다. 인간은 경험을 통해서 조금씩 성장해 나간다."

13세기 이탈리아 최대의 시인인 단테(Dante)는 인간이 경험을 통해서 조금씩 성장해 나가는 존재라고 말했다. 우리는 그가 한 이 말을 명심해야 한다. 얻어먹은 빵이 얼마나 딱딱하고, 남의집살이가 얼마나 고된 것인가를 스스로 경험해보지 않은 사람은 삶의 존귀함을 제대로 이해하지 못한다.

하루하루 사소한 일상에서 최선을 다하지 않는 사람에게는 눈부신 미래가 다가오지 않는다. 눈부신 미래를 만드는 것은 사소한 일상 속에서 우리의 행동이기 때문이다. 한 알의 씨앗이 큰 나무가 되고, 많은 열매를 맺게 되듯 사소한 일상에서 우리가 하는 작은 행동들이 모여서 큰 인생이 된다는 사실을 우리는 알아야 할 것이다.

아무리 뛰어난 능력을 갖추고 있더라도, 아무리 좋은 자질을 갖추고 있더라도 사소한 일상 속에서 자신의 능력과 자질을 최대한 활용하여 씨앗을 심는 구체적인 행동을 하지 않는다면 눈부신 미래를 기대할 수 없다.

거대한 산에 오르고 싶다면 한 걸음을 내디디고, 그다음에는 또 한 걸음을 내디뎌야 한다. 거대한 산에 비해서 우리가 내디디는 한걸음은 너무나 보잘것없고 사소하고 하찮은 것같이 느껴질 수 있다.

하지만 거대한 산에 오르는 사람 중에 그러한 사소하고 보잘것없이 느껴지는 한 걸음을 하찮게 생각하면서 행동하지 않은 사람은 단 한 명도 없다. 천릿길도, 만릿길도, 거대한 산에 오르는 것도, 바다를 건너는 것도 모두 사소한 한 걸음에서부터 비롯된다.

프리드리히 니체는 '인간은 극복되어야 할 존재'라고 말하면서, 인생의 참된 목적은 끊임없는 시도와 전진에 있다고 말했다.

'인생은 목적은 전진이다. 밑에는 언덕이 있고 냇물도 있고 진흙도 있다. 걷기 평탄한 길만 있는 게 아니다. 먼 곳을 항해하는 배가 풍파를 만나지 않고 조용히만 갈 수는 없다. 풍파는 언제나 전진하는 자의 벗이다. 고난 속에 인생의 기쁨이 있다. 풍파 없는 항해는 얼마나 단조로운가! 고난이 심할수록 내 가슴이 뛴다.'

그의 말대로 인생의 참된 목적이 끊임없는 전진에 있다면 우리는 하루하루 일상을 대충 보내면 절대 안 된다. 우리가 끊임없이 전진할 수 있는 장소와 시간이 바로 지금이고 바로 이 장소인 여기이기 때문이다.

그의 말대로 우리의 일상은 살기 편한 길만이 있는 것이 아니다. 풍파를 만날 수도 있고, 시련과 장애물이 생길 수도 있다. 하지만 가장 큰 장애물은 안주하려고 하는 자신이며, 나태해지려고 하는 자신이며, '하루쯤이야' 하는 느슨한 마음 자세이다.

일상을 잘 이용하여 위대한 철학자가 된 사람이 바로 비판철학을 통해 서양 근대철학을 종합한 철학자 임마누엘 칸트이다. 집안이 부유하지 못한 그 당시의 대부분 학자가 그러했던 것처럼, 칸트는 생계를 위해 20대 초반부터 30대 때까지 가정교사로 일을 했다.

그는 어려운 가정형편 탓에 당시로써는 늦은 나이인 31세에 박사 학위를 받을 수 있었다. 하지만 박사 학위를 받았다고 삶이 급격하게 좋아지는 것은 아니었다. 박사 학위를 받고 나서도 15년 동안, 즉 정식으로 대학교수가 되기 전까지 빡빡하고 평범한 일상을 보내야 했다.

그래서 그는 30대 초반부터는 오늘날 대학의 시간 강사와 비슷한 사(私) 강사를 40대 중반까지 하면서 살았다. 하지만 이러한 시간 강사 수강

료로는 생계를 유지하기 어려운 수준이었다. 그래서 생계를 유지하기 위해서 도서관 사서로 일을 하면서 수입을 보충하며 살았다.

우리가 알고 있는 위대한 철학자 칸트가 이러한 일상적인 삶을 살았다는 것을 우리는 잘 알아야 한다. 일상 속에서 우리가 어떤 행동과 생각을 하면서 사느냐에 따라 10년 후 후회하지 않는 인생을 맞이하게 될 것인지 아닌지가 결판나기 때문이다.

하지만 칸트는 이런 빡빡한 일상 속에서도 철학을 연구하기를 멈추지 않았다. 그가 15년 동안 사 강사로 지내던 동안에 그는 베를린 학술 아카데미 논문 공모전에서 2등을 차지하기도 했다. 이러한 사실은 그가 힘든 일상 속에서도 공부를 멈추지 않았음을 잘 보여 주는 사실이다.

칸트가 정식 교수로 임용된 것은 40대 후반이었다. 하지만 칸트는 평생 철학적 성찰을 게을리하지 않았다. 그의 철학적 업적은 그가 가정교사로, 시간 강사로, 도서관 사서로 일하면서 철학을 게을리하지 않고 평생 꾸준히 해 온 결과라고 해도 과언이 아닐 것이다.

칸트는 20대 초반부터 40대 중반까지 남들과 다를 바 없는, 오히려 그렇게 대우가 좋은 직장을 다니지 못했음에도 꾸준히 일상 속에서 철학을 연구하고, 서양 근대철학의 토대를 착실하게 밟아 나갔다.

우리는 칸트에게서 일상의 삶 속에서도 얼마든지 위대한 일을 해 나갈 수 있다는 사실에 대해 배워야 할 것이다. 칸트는 우리에게 이러한 교훈을 알려 주고자 했을 것이다.

" 미성년의 원인은 이성이 부족한 데 있는 게 아니다. 다른 사람의 지도 없이 스스로 생각하려는 결단과 용기가 부족한 데 있다."

그의 말처럼 우리가 어른이면서도 어른이 아닌 이유는 스스로 생각하려는 결단과 용기가 부족하기 때문이지 이성이 부족하기 때문이 아니듯, 우리가 성공하지 못 하는 이유는 우리에게 능력이 부족하기 때문이 아니라 스스로 하루하루를 충실하게 보내기 위한 행동과 실천이 부족하기 때문일 것이다.

해리 포터 시리즈로 세계적인 명성과 거대한 부를 얻게 된 조앤 K. 롤링은 거창한 삶 속에서 거대한 업적을 탄생시킨 것이 아니다. 오히려 그는 일상적인 삶보다 더 못한 초라하고 밑바닥 삶 속에서 거대한 성공을 일구어낸 주인공이다.

그녀 역시 다른 평범한 사람들처럼 학교에서 교사로 일을 하기도 하고, 좋은 사람을 만나 결혼도 하고, 아이도 낳는다. 하지만 파경을 맞이하게 되고, 혼자서 어린 딸을 키우게 되었다. 설상가상으로 변변한 직장조차 구하기 힘들고, 혼자서 어린 딸을 키워야 했기에 결국 정부 보조금에 의존하는 구차한 삶을 살 수밖에 없게 된다.

그녀는 그런 자기 자신의 삶에 심한 모멸감을 느끼게 되었다. 그런 힘든 일상의 삶 속에서 그녀는 자살 충동을 느껴서, 자살을 하려고 했지만, 어린 딸아이를 보고 다시 용기를 얻기도 했다.

그녀는 그러한 밑바닥 일상의 삶을 살면서도 미래를 포기하지 않았다. 서서히 용기를 내어 일자리를 얻기 위해 교사 자격 인증 석사 학위 과정을 밟으면서 아기를 돌보는 그런 이중으로 힘든 일상을 꿋꿋하게 살아갔다.

그러한 일상 속에서 그녀는 틈틈이 아이를 돌보면서 집 근처 카페 구석에 가서 아이가 잠든 사이 동안에 글을 썼다. 그녀의 성공은 마법까지 찾아오는 그런 것이 아니었다. 그녀는 힘든 일상 속에서 생활고를 꿋꿋이 참으며 절망과 싸워나갔다.

' 아동서로는 절대 돈을 벌지 못합니다.' 라는 절망적인 말을 들으면서도, 초판을 겨우 5백 부밖에 간행하지 못했지만, 그녀는 절망하지 않았다. 처음에는 보통 수준의 판매량을 보였지만 결국 2부와 3부가 연이어 나오고, 4부 [불의 잔]이 나올 때, 신드롬이라고 할 만한 열광적인 인기를 얻게 되었다.

그녀는 영국의 부자명단 100위권 내에 단숨에 진입했고, 작가로서는 보기 드문 억만장자가 되었다. 하버드대 명예 문학박사 학위도 받았다. 그녀는 일상 속에서 거대한 성공을 일구어낸 인물이었다.

엄청난 성공을 하게 되면 여기저기서 시샘과 질투를 하게 되는 것이 으레 그렇듯이 그녀의 작품을 둘러싼 비평과 논쟁은 계속되고 있다. 하지만 우리가 그녀에게서 배워야 할 것은 거대한 성공은 결국 우리의 일상 속에서 싹이 트고 꽃을 피우게 되어 있다는 사실일 것이다.

위대한 철학자 르네 데카르트 역시 사소한 일상을 통해서 위대한 작품을 완성한 철학자이다. 그는 부유한 법률가 집안에서 태어났고, 학창 시절

고전과 논리학, 신학, 수학 등을 공부했고, 대학에서 법률학 석사 학위를 받기도 했다.

하지만 그는 판사가 되는 길을 선택하지 않았다. 그는 직업 군인이 되는 길을 선택하여 유럽 곳곳을 다녔다. 30대 초반이 되어서야 그는 오랜 방랑을 접고 네덜란드에 정착했다. 그런데 그는 그곳에서 무려 20년 이상 은둔 생활에 가까운 소박하고 고독하고 외로운 삶을 살았다.

그러한 고독하고 외롭고 소박한 20년 동안의 그의 사소한 일상을 통해 그는 <방법서설> <성찰> 등과 같은 그의 대표작들과 대부분 그의 작품들을 집필할 수 있었다. 위대함은 우리의 일상에 숨겨져 있다.

그러므로 하루하루 일상 속에서 성공의 씨앗을 심고, 눈부신 미래의 토대를 닦아야 한다. 10년 후 위대한 인생을 살고 싶다면, 최소한 10년 후회하지 않는 내 인생을 맞이하고 싶다면 하루하루의 사소한 일상을 절대 허투루 보내서는 안 되는 것이다.

 하루하루 사소한 일상을 마치 엄청나게 중요한
시간과 기회라고 생각을 해야 한다. 그래서 일상
의 삶을 좀 더 내밀하게 살아가야 한다. 너무 느
슨하게 사는 것보다는 조금 밀도 있게 하루를 보
내는 것이 훨씬 더 낫다.

제5장. 성공에는 분명한 이유와 법칙이 있다.

' 성공에는 분명한 법칙이 있다. 그것은 도전에서 시작한다. 도전하는 삶은 늘 새로운 기회를 제공하고 새로운 시도는 항상 신선한 자극을 준다. 적당히 사는 인생은 적당한 대우밖에 받을 수 없다. 평범을 단호히 거부하고 스스로 환경을 만들어 나가라. 자신이 가진 에너지를 전부 쏟아부어 일하라. 자신이라는 존재를 세상에 드러내고 내 인생을 일으켜 세우려는 강한 각오와 열의로 시작하라.'   _공병호, [명품 인생을 만드는 10년 법칙] 중에서.

– 성공에는 분명한 이유가 있다.

" '10년 법칙'은 하루아침에 이루어지지 않는다. 짧지 않은 시간과 적지 않는 노력, 쉽지 않은 준비가 필요하다. 그러나 일단 그 법칙을 깨치고 나면 또 다른 '10년 법칙'으로 발전시키고 재생산해내어, 반복적인 성공과 성취를 이루어낼 수 있다."

대한민국 대표 1인 기업가 중에 한 분이신 공병호 박사는 자신의 저서 중의 하나인 [명품 인생을 만드는 10년 법칙]이란 책에서 성공을 이루어낼 수 있는 '10년 법칙'은 그저 이루어지는 것이 아니라, 짧지 않은 시간과 적지 않은 노력, 쉽지 않은 준비를 통해 이루어진다고 설파했다.

그의 말대로 성공은 우연히 이루어지는 것이 아니다. 성공에는 반드시 분명한 그만한 이유가 있다. 그리고 이 말이 의미하는 것은 성공은 결국 노력과 시간과 준비가 필요하다는 것을 의미한다.

그러므로 성공하고 싶다면, 그래서 10년 후 후회하지 않는 인생을 살아가고 싶다면 시간을 들여서 준비하고 노력해야 한다.

여기서 우리가 눈여겨 봐야 할 부분이 있다. 그것은 성공의 분명한 이유로 거론 되는 것이 재능이나 학식이나 학벌이나 인맥이 아니라는 것이다. 물론 이런 것들이 있으면 없는 것보다 나을지도 모른다. 하지만 우리가 명심해야 할 것은 이런 것들이 있다고 해고 이런 것들만으로는 성공적인 삶을 살아가고 후회하지 않는 삶을 살기에 부족하다는 사실이다.

성공적인 삶을 살기 위해 필요한 것은 시간과 노력과 준비라는 것이다. 시간은 10년 정도의 세월을 의미한다고 앞에서 수차례 이야기를 했을 것이다. 노력과 준비는 결국 가슴 설레는 목표와 멈추지 않고 꾸준한 한 걸음 한 걸음이다.

이 책의 최고의 요체는 바로 이것이다.

' 10년 후 후회하지 않는 삶을 살고 싶다면, 최소한 10년 동안 가슴 설레는 목표를 가지고, 그것을 향해 열정을 품고 꾸준히 한 걸음씩 나아가야 한다. '

성공에는 분명한 이유가 있다. 그것도 세 가지나 있다. 최소한 10년이라는 시간과 가슴 설레는 목표를 준비하고, 멈출 줄 모르는 열정으로 한 걸음씩 나아가는 꾸준한 노력이다. 이 세 가지를 가지고 있는 자가 실패를 하는 경우는 없다.

겨우 몇 년 노력해 보고 왜 자기 자신은 성공하지 않는 것이냐고 불평하는 이가 있다면 그 사람에게는 최소한 10년이라는 시간이라는 이유가 빠져 있기 때문이라고 말해 줄 수 있다.

평생 열심히 포기하지 않고 노력했는데 왜 자신은 인생이 후회로 가득 차 있냐고 불평하는 사람이 있다면 그 사람에게는 가슴 설레는 목표를 준비하지 않았기 때문이라고 말해 줄 수 있을 것이다.

평생 가슴 설레는 목표를 가지고 있었는데 왜 성공하지 못 했느냐고 불평하는 이가 있다면, 그 사람에게는 멈출 줄 모르는 열정으로 한 걸음씩 나아가는 꾸준한 노력이 빠져 있었기 때문이라고 말해 줄 것이다.

성공에는 분명한 이유가 있다. 10년 동안의 뜨거운 노력과 가슴 설레는 목표는 당신을 후회하지 않는 삶으로 이끌어 줄 것이다.

< 후회하지 않는 삶(성공) = 시간 * 노력 * 목표 >

기억하기 쉽게 공식으로 간단히 만들면 위의 모양이 된다.

10년이라는 시간이 필요하다는 것을 명심할 때, 조급해하거나 성급해지지 않는다. 인생에서 능력 있고 지식이 풍부한 이들이 실패하는 가장 큰 원인은 너무 성급하고 조바심을 내기 때문이다.

3~5년 안에 무엇인가를 이루고, 끝장을 내려고 달려든다. 그 결과 제품에 스스로 꺾이게 되는 것이고, 제품에 포기하고 마는 것이다. 최소한 10년이라는 사실을 명심해야 한다. 너무나 많은 사람이 가슴 설레는 목표와 뜨거운 열정으로 도전을 하지만 5년 안에, 혹은 3년 안에 결판을 보지 않으면 모든 것을 포기하겠다고 달려든다.

바로 이것 때문에 많은 사람이 성공하지 못하고 후회하지 않는 인생을 창조해 나 가지 못 하는 것이다. 특히 한국 사람들이 이런 경향이 가장 강하다. 세상에서 가장 우수한 지능지수를 가진 한국 사람들이 눈에 보이지 않고, 평생 노력해야 받을 수 있는 그런 노벨상과 같은 상을 거의 받지 못하는 것은 단시일 내에 구체적인 결과를 얻지 못하면 조바심이 나서 그것을 극복해 내지 못 하는 민족적인 성향 때문이다.

너무 쉽게 뜨거워지고, 너무 쉽게 식는 것이다. 빨리빨리 하는 것이 하나의 경쟁력일 수 있다. 하지만 그것은 경쟁에서 적용이 되는 말이다. 남들보다 덜 빨리 무엇인가를 하는 것은 천부적인 소질을 보유하고 있다. 하지만 길게 내다볼 때, 후회하지 않는 인생을 살기 위해서는 빨리빨리 보다는 꾸준함이 더욱더 큰 가치이다.

한국 사람들이 한강의 기적을 이루고, 경제 성장을 이룩했음에도 자살률과 이혼율이 세계 최고 수준인 이유가 바로 여기에 있다. 후회하지 않은 인생을 살기 위해서는 무조건 남들보다 빨리하는 것이 중요한 것이 아니라, 오랫동안 꾸준히 하는 것이 훨씬 더 중요한 요소이기 때문이다.

남들보다 뭐든지 빨리 다 해치워버리고, 결판을 봐야 직성이 풀리기에 긴 세월을 인내하지 못하고, 허무에 무너지고, 자살하고, 이혼하고 마는 것이다.

가슴 설레는 목표를 가지고, 10년 이상을 내다보고, 꾸준히 한 걸음씩 나아가는 사람은 절대 흔들리지 않고, 절대 한순간에 무너지지 않는다. 이것이 올바른 삶의 방식이며, 전략이다.

'10년이면 강산도 변한다.'

이런 속담도 있듯, 10년이란 세월은 무엇인가가 확실하게 뼛속부터 시작해서 모든 외형적인 것마저 완전하게 변화될 수 있는 그런 무시무시한 기간이다. 또한 '권불십년 權不十年'이란 말이 의미하는 것처럼 10년이란 세월은 막강한 권력이라 할지라도 흔적도 없이 사라지기에 충분한 세월이라는 것을 깨달을 수 있다.

한국인들에게 가장 절실하게 필요한 것은 하워드 가드너가 말한 창조성의 10년 법칙이다.

"창조성의 10년 법칙: 정당한 근거 없이 숫자의 마술을 부릴 생각이 없음에도, 본 연구를 수행하는 과정에서 나는 창조성의 10년 법칙을 발견했다. 일곱 명의 창조적인 인물들은 분야마다 약간씩 기간은 달라도 대략 10년을 사이에 두고 창조적인 도약을 이루었다. 인지 심리학 계통의 연구를 통해 알려진 것처럼, 한 사람이 어느 분야를

기본적으로 통달하는 데 필요한 기간은 대략 10
년이다."

(하워드 가드너, 《열정과 기질》,
북스넛, p.639)

이처럼 10년이란 세월은 성공의 법칙 중에서 가
장 토대가 되는 근본 요소이다. 10년간의 기간은
성공하기 위해 거쳐야 하는 중대한 혁신을 이룰
수 있는 최소한의 기간인 것이다.

10년이란 세월은 당신이 절대 후회하지 않을 인
생이라는 견고한 성을 쌓아 올릴 수 있는 최소한
의 시간임을 명심하고, 조급해하지 않고, 여유를
가지고 하나씩 쌓아나가는 그러한 삶을 살아나가
기를 바란다.

— 오늘의 생각이 내일의 성공을 창조한다.

'인간의 일생은 그 인간이 생각한 대로 된다.'

아우렐리우스의 이 말대로 우리 인간은 우리가 생각하는 것을 우리 인생에 끌어당기는 자석과 같은 존재이다. 그래서 우리가 행복한 것을 생각하면 행복이 우리에게 다가오고, 우리가 걱정과 근심을 많이 하면, 우리 인생에 그러한 것들이 따라오게 되는 것이다.

흰머리가 어울리는 사람이 흰머리가 되는 것처럼, 성공이 어울리는 사람이 성공할 수 있다. 성공이 어울리는 사람은 그 누구보다 성공에 대해 생각하는 사람이다. 성공에 대해 많이 생각하는 사람일수록 성공에 대해 많은 말을 하고, 성공에 대해 많은 상상을 하고, 성공에 대해 많은 행동을 하기 때문이다.

그래서 우리가 생각하는 것이 바로 우리의 인생을 결정한다는 말이 있는 것이다. 당신이 어떤 사람인지 알고 싶다면, 당신이 온종일 가장 많이 생각하는 대상이 무엇인지 살펴보면 된다.

어떤 이는 국가를 온종일 생각할 것이다. 또 어떤 이는 가정을 온종일 생각할 것이다. 또 어떤 이는 성공을 온종일 생각할 것이다. 또 어떤 이는 실패할 것, 삶의 걱정과 근심만을 온종일 생각할 것이다.

그 사람의 그릇과 됨됨이와 품성과 인격과 학식은 그 사람이 생각하는 것이 무엇인지, 어떤 사고와 의식을 가졌는지에 따라 확실하게 알 수 있다. 그렇다고 무조건 큰 생각을 하고, 수준 높은 생각을 할 수는 없는 법이다.

초등학생에게 '수준 높은 생각을 할수록 수준 높은 사람이므로, 수준 높게 생각해라'라고 주문한다고 해서 대학생의 사고 수준으로 바로 도약을 할 수는 없다. 서점에 가보면 너무나도 많은 책이 의식과 사고에 관한 내용을 다루고 있다. 크게, 넓게 생각하라고 주문한다. 생각이 바뀌면 인생도 바뀌기 때문이다.

하지만 아무리 그러한 책들을 읽는다고 해도 생각의 수준과 의식이 곧바로 바뀌지는 않는다. 초등학생이 대학생의 생각과 의식을 가지기 위해서는 그만큼의 사고 훈련과 의식의 확장이 필요하기 때문이다.

오늘 어떤 수준의 생각을 하느냐에 따라서 당신의 미래가 결판나는 것도 바로 이 때문이다. 오늘 보잘것없는 생각만을 하면서 하루를 보냈다면 당신의 미래는 반드시 보잘것없어진다. 하지만 오늘 수준 높은 생각을 하면서 하루를 보냈다면, 그 생각은 결코 당신을 그대로 내버려 두지 않는다.

위대한 생각일수록 당신을 움직이는 힘이 강하기 때문이다. 위대한 위인들을 이끈 것은 그들이 했던 위대한 생각이라고 할 수 있다. 그리고 그들이 위대한 것은 그들의 생각이 위대하였기 때문이다.

클레멘트 코스가 기적의 결과를 가지고 온 것

은, 노숙자들과 알코올 중독자들에게 그들의 생각의 수준을 높여 주었기 때문이다. 생각하는 것이 바뀌고 수준이 높아지면, 삶도 따라서 바뀌게 되고, 높아지게 되는 것이다.

그런 점에서 당신이 오늘 하는 생각이 결국 당신의 미래의 모습인 것이다. 내일의 성공을 창조하고 싶다면 오늘의 생각을 창조적으로 성공적으로 해야 한다. 머릿속으로 자신이 생생하게 생각하는 것이 당신을 형성하고, 만들고, 이끌고 간다.

" 머릿속으로 자신이 바라는 것을 생생하게 그리면 온몸의 세포가 모두 그 목적을 달성하는 방향으로 조절된다."

고대 철인 아리스토텔레스의 이 말처럼 우리가 생각하면, 우리의 온몸의 세포는 그것을 달성하는 방향으로 조절되는 것처럼 이 세상과 온 우주가 우리의 생각이 실현되도록 도와준다는 사실도 우리는 잊어서는 안 된다.

' 하늘은 스스로 돕는 자를 돕는다.' 라는 유명한 말을 남긴 새뮤얼 미소 드는 근대 일본을 다시 일으켜 세운 위대한 책인 [자조론]의 저자이다. 그의 이 말처럼 근대 일본이 다시 일어설 수 있었던 것은 하늘과 온 세상과 온 우주조차도 스스로 돕는 자를 도와준다는 확고한 신념 때문이었다.

결국, 우리는 우리의 정신을 하나에 모으고, 확고한 생각을 붙잡고 나아갈 때, 이 세상과 온 우주가 우리를 도와준다는 것을 실제로 체험하게 되는 그런 존재들이다. 우리 인간에게는 의식과 생각의 능력이 존재하기 때문이다.

동물들에게는 사나운 이빨, 빨리 달릴 수 있는 능력, 추위를 견딜 수 있는 따뜻한 털, 하늘을 날 수 있는 날개, 바다를 헤엄칠 수 있는 지느러미와 호흡기를 주었다. 인간에게는 이러한 것들이 없다. 하지만 인간에게는 모든 것을 창조해 낼 수 있는 '생각하는 능력'이 부여되었다.

그래서 파스칼 Pascal은 인간의 위대성은 우리의 사고라고 말했다.

" 사고는 인간의 위대성을 나타낸다.

인간은 자연 속에서 가장 약한 갈대에 지나지 않는다.

인간을 죽이기 위해 우주로 무장할 필요도 없다.

한 줄기의 증기나 한 방울의 물을 가지고도 충분히 죽일 수 있다.

하지만 우주가 인간을 죽이는 경우에도 인간이 우주보다 더 위대하다.

인간은 우주가 자신보다 강하다는 것을 알고 있지만

우주는 그것을 알지 못하기 때문이다.

그러므로 인간의 존엄성은 사고에 있다.

그것으로 우리는 자기를 높여야 한다. "

' 세상에 안 되는 일은 없다' 라고 생각하는 사

람과 '세상에는 안 되는 일도 있다'라고 생각
하는 사람이 있다. '세상에는 가슴 설레는 목표
와 열정'을 가지고 살아가면서 꾸준히 노력하면
반드시 성공할 수 있다고 생각하는 사람과 그렇
게 해도 성공은 보장받을 수 없는 것이 이 세상이
라고 생각하는 사람이 있다.

어떤 사람이 10년 후에 눈부신 인생을 살아가
게 되는 것일까? 물론 정답은 없다. 하지만 우리
가 명심해야 하는 사실은 우리의 생각대로 우리
는 그 생각에 어울리는 삶을 맞이하게 된다는 사
실이다.

인간은 그저 태어난 것처럼 그저 그렇게 편안하
게 살다가 가면 되는 존재라고 생각하는 사람과
인간은 자신을 뛰어넘어야 할 그 무엇이라고 생
각하는 사람의 삶이 어떻게 달라질 것인지는 우
리는 안 봐도 불을 보듯 명확하게 알 수 있다.

그런 점에서 우리가 오늘 무슨 생각을 하느냐는
결국 우리가 내일 어떤 모습으로 살아가고 있을

지를 명확하게 결정짓는 잣대가 된다. 그리고 그렇게 되는 이유는 그 생각에 어울리는 삶을 우리는 살아가는 그런 존재이기 때문이다.

날개가 주어진 동물에게는 하늘을 나는 것이 그에게 맞는 존재 양식이고, 튼튼하고 빠른 네 다리가 주어진 동물에게는 초원을 누비며 사는 삶이 그에게 맞는 삶이며, 날개도 튼튼하고 빠르고 긴 네 다리도 없는 펭귄은 펭귄대로의 삶의 방식이 있다.

인간에게는 생각을 통해 삶을 창조해 나가며 살아가는 것이 인간에게 주어진 존재 양식이다. 그래서 많은 철학자가 생각의 중요성을 강조해 온 것이다.

' 나는 생각한다. 그러므로 나는 존재한다.'

인간에게 가장 중요한 것이 생각이라는 것을 '근대철학의 아버지'인 데카르트는 이렇게 표현했다. 하지만 이것보다 더 중요한 사실은 우리는 언제나 우리의 생각이라는 감옥 속에 갇혀 평생 살아갈 수도 있는 그런 나약한 존재라는 사실이다.

대부분의 많은 사람은 자기 생각의 회로, 생각의 감옥 안에서만 평생 활동을 하고, 생각하고, 행동하고, 목표를 정하고, 꿈을 꾸고, 미래를 창조해 나가면서 살아간다. 그런 점에서 무엇보다도 중요한 것이 바로 생각이다.

오늘 우리가 어떤 생각을 하느냐에 따라 우리의 내일의 모습이 완전하게 달라질 수 있기 때문이다. 오늘 우리가 생각의 감옥에서 벗어나는 그런 생각을 할 수 있다면 우리는 우리의 운명마저도 바꿀 수 있는 그런 사람이 될 수 있다.

심리학자들이 밝혀낸 사실 중의 하나는 우리 인간은 보통 하루에 8만에서 10만 가지나 되는 생각을 한다고 한다. 그런데 더 놀라운 사실은 그러한 생각 중에 80% 이상이 어제 했던 바로 그 생각의 틀에서 벗어나지 못하고 그대로 한다는 것이다.

결국, 인간은 보이지 않는 다람쥐 쳇바퀴 도는 듯한 반복된 생각을 하며 평생 살아간다는 것이다. 그리고 이것은 다시 말해 똑같은 하루를 평생 반복하는 것이거나 똑같은 1년을 평생 반복하면서 살아가는 것과 다를 바 없다.

우리는 미로에 갇힌 생쥐와 다를 바 없이 정해진 생각을, 어제 했던 그 생각을 오늘 다시 하면서 또 하루를 보낸다. 생각의 회로 안에서 벗어나지 못하고, 회로 속에서 평생 움직인다.

'생각하는 대로 살지 않으면 머지않아 사는 대로 생각하게 된다.'고 말한 폴 발레리의 말은 우리가 생각의 감옥 속에 갇혀서 반복되는 생각만을 하면서 살아가게 될 때의 모습을 잘 설명해 준다.

우리가 생각의 감옥에서 벗어나 생각하지 않는

다면, 우리는 이내 곧 주어진 생각만을 반복적으로 하면서 살아가게 되는 것이다. 새로운 생각은 없는 채 반복된 삶 속에서 살아가는 대로 반복적인 생각만 하며 살아가게 되는 것이다.

자기 생각의 감옥에서 벗어난다는 것, 생각하는 대로 산다는 것은 실제로 쉬운 일이 아니다. 그렇게 하기 위해서는 타력이 필요하다. 여기서 말하는 타력은 자신의 독립된 힘이나 자력이 아닌 다른 그 무엇인가의 힘을 빌려야 한다는 말이다.

우리가 생각의 감옥에서 벗어나기 위해 가장 효과적이고 쉬운 타력으로 손꼽을 수 있는 것이 바로 독서이다. 책의 힘을 빌리면 우리는 우리의 생각의 감옥에서 쉽게 효과적으로 벗어날 수 있다. 그리고 바로 이런 이유에서 책을 읽고 인생이 바뀐 사람들이 그렇게도 많은 것이다.

" 얼마나 많은 사람이 독서를 통해 인생의 새 장을 열어왔는가!"

바로 이런 이유에서 "책을 읽는다는 것은 많은 경우, 자신의 미래를 만든다는 것과 같은 뜻이다."라고 랄프 왈도 에머슨이 말을 했다.

위대한 철학자 데카르트는 말했다. '좋은 책을 읽는 것은 과거의 가장 뛰어난 사람들과 대화를 나누는 것과 같다.'라고. 그리고 고대의 철학자 소크라테스도 말했다 " 남의 책을 많이 읽어라, 남이 고생한 것을 가지고 쉽게 자기 발전을 이룰 수 있다."라고.

그렇다면 우리는 어떻게 독서를 해야 할까? 단 한 권의 명저를 발견하고, 그 책만 탐독하면 되는 것일까? 물론 이렇게 하는 사람도 있다. 하지만 나는 다독을 권한다. 한 권의 책은 한 명의 작가의 사상과 생각이 담겨 있다.

그러므로 아무리 위대한 책이라도 이 세상의 많은 것들을 한 권에 다 담아낼 수 없다. 사마천의 [사기]를 통해 우리가 배울 수 있는 것과 플라톤의 [국가]를 통해 우리가 배울 수 있는 것과 셰익스피어의 [햄릿]을 통해 우리가 배울 수 있는 것은 다르기 때문이다.

그런 점에서 다독하는 것이 좋다. 많은 책을 굳이 읽을 필요가 없다고 주장하는 독서 전문가들도 있고, 한 권이라고 제대로 읽어야 한다고 주장하는 사람도 있다. 하지만 당대의 시성 두보가 '남아수독오거서'라고까지 하면서, 다독(多讀)을 왜 강조했을까? 에 대해 스스로 자문해 봐야 한다.

동양의 시성이 강조한 다독의 필요성에 대해 근거가 될 만한 주장이 있다. 과연 그럴까? 그렇다면 그 이유는 무엇일까?

서양의 철학자인 장 폴 사르트르의 표현을 빌려 대답하자면, '인생을 포함해서 많은 것을 변화시키고 싶다면? 먼저 많은 것을 받아들여야 하기' 때문이다.

그러므로 인생을 변화시키고 싶다면, 생각의 감옥에서 벗어나 의식과 사고의 도약을 경험하고 싶다면, 정녕 그렇게 하고 싶다면 먼저 많은 책을 읽어, 많은 경험을 하고, 많은 사고와 견해를 받아들이고, 많은 이들과 소통을 해야 한다.

바로 이것이 우리가 다독해야 하는 이유이다.

평범한 책 읽기에 머물게 되면, 우리는 정말 평범한 삶을 살 수밖에 없게 된다. 평생 꿀벌처럼 일에 지쳐, 아침부터 저녁까지 일만 해야 한다. 그렇게 일을 해도, 인생의 놀라운 발전이나 인생 역전은 꿈도 꾸지 못한다.

하지만 다독을 하게 되면, 어느 순간 인생 혁명이라고 할 수 있을 만큼의 큰 도약을 우리 내면에서도, 그리고 우리의 삶 속에서도 이룰 수 있게 된다. 그렇게 될 때 우리는 눈부신 미래와 내일의 성공까지 창조할 수 있게 된다.

인간의 인생은 우리가 하는 생각의 수준만큼 향

상될 수 있다. 그러므로 우리의 생각의 수준을 높이는 것이 매우 중요하다. 생각의 수준을 향상할 수 있는 가장 좋은 방법은 독서 말고 없다.

우리의 태도와 행동은 결국 우리의 생각에서 비롯된다. 우리가 세상을 보는 방식, 즉 패러다임에 의해 우리의 행동과 태도는 영향을 받는다. 그리고 그 패러다임, 세상을 보는 방식은 우리의 생각에서 비롯된다고 할 수 있다.

우리가 사고하고 행동하는 방식의 근원이 되고 토대가 되는 것이 사물을 보는 방식, 즉 패러다임에서 시작된다. 패러다임은 그리스어에서 유래된 말이다. 원래는 과학용어였다. 하지만 오늘날에는 어떤 한 시대 사람들에게 널리 퍼져있는 견해나 사고를 근본적으로 규정하고 있는 테두리로서의 인식 체계나 혹은 사고의 틀, 체계 등을 의미한다.

'패러다임'의 중요성에 대해 잘 알 수 있게 해 주는 책이 < 과학 혁명의 구조(The

structure of Scientific Revolutions)>라는 토머스 쿤의 책이다. 이 책은 과학사를 뛰어넘어 과학철학, 인문학, 사회과학, 예술에 이르기까지 광범위한 영향력을 미치는 책이다.

이 책의 놀라운 점은 위대한 책들이 가지고 있는 특징 중의 하나인 읽는 사람들의 의식과 사고를 전환 시킨다는 데 있다. 즉 그 전까지는 사람들에게 과학의 발전은 점점 더 쌓아가는 것으로 생각했지만, 이 책을 통해 과학의 진보는 기존 것들의 토대 위에서가 아닌, 기존 것들을 파괴함으로써 혁명적으로 이루어진다는 것에 대해 눈을 뜨기 시작했다.

우리는 이 책을 통해 과학의 진보에 해당하는 대부분의 중요한 업적이 기존의 전통이나 낡은 사고방식과 낡은 패러다임을 완전하게 파괴함으로써 가능하다는 것을 서서히 깨닫게 되었다.

과학의 진보와 마찬가지로 인간의 삶도 이와 다르지 않다. 특히 성공과 부의 축적은 기존의 방식대로 서서히 축적되어 가는 것으로 가능한 것이 아니라 기존의 사고방식을 완전하게 파괴함으로써 가능하게 되는 경우가 많다는 것이다. 그런 점에서 내일의 성공 씨앗이 되는 것은 오늘 우리가 하는 생각이다.

생각보다 더 중요한 것은 없다. 생각은 현실을 만들고, 그 현실은 결국 내일의 성공을 만든다. 그러므로 어제와 다른 혁신적인 생각을 해야 할 필요가 있는 것이다. 어제와 같은 생각들은 어제와 같은 내일만을 만들기 때문이다.

지금 우리는 변혁의 시대에 살고 있다. 새로운 혁명의 시대라고 할 수 있다. 그러므로 우리는 더더욱 과거의 낡은 생각을 그대로 품고 살아서는 절대 안 된다. 어제와는 전혀 다른 새로운 생각이 내일의 성공을 창조하기 때문이다.

과거 한때 세계 휴대폰 업체 1위를 견고하게 지켰던 노키아가 처음부터 휴대폰 기업이었던 것은 아니다. 심지어 노키아는 큰 기업도, 첨단 기기를 개발하고 생산할 수 있는 대기업도 아니었다.

스노타이어와 고무보트를 생산하는 유럽 변방의 작은 기업에 불과했다. 하지만 이렇게 작은 기업, 전혀 다른 업종의 기업이 쟁쟁한 모토롤라와 같은 세계적인 기업들이 막강한 자본력과 기술력으로 버티고 있는 휴대 업계에 진출하여, 불과 1~2년 사이에 무명에 가까웠던 기업이 세계 1위 업체로 부상했던 것이다.

노키아가 세계 1위 업체로 부상할 수 있게 해준 것은 그들의 생각이었다. 그들은 앞으로 다가오는 변혁의 시대에 스노타이어와 고무보트를 계속 생산하면서 성장은커녕 생존도 불가능하다는 생각을 하게 되었고, 그 결과 업종 전환을 할 생각을 하게 되었다.

그리고 그러한 시도와 노력 끝에 세계 1위 업체로 부상하는 데 성공하게 되었다. 물론 생각이 바뀐다고 모든 사람과 기업이 그 생각대로 성공하게 되는 것은 아니다. 하지만 생각조차 바뀌지 않

는 사람과 기업은 성공할 기회조차 스스로 갖지
못하는 것이 된다. 그러므로 위대한 성공을 이룩
한 사람과 기업은 모두 생각에서 비롯되는 것이
라고 말할 수 있다.

그래서 블레즈 파스칼은 '어제의 생각이 오늘
의 당신을 만들고, 오늘의 생각이 내일의 당신을
만든다.' 라고 말했다. 개인도 기업도 나라도 어
제의 생각이 오늘의 상태를 만들고, 오늘의 생각
이 내일의 운명을 결정하는 것이다.

– 강점을 아는 것이 성공의 첫걸음이다.

" 모든 사람이 후회하는 삶을 살게 되는 진정한
이유는 그들이 충분한 재능을 가지고 있지 않았
거나 시간이 충분하지 않아서가 아니라, 강점을
발견하지 못했기 때문이다."

이 책을 읽는 독자들에게 꼭 해 주고 싶은 말 중
의 하나가 바로 이것이다. 우리가 후회하는 삶을

살게 되는 이유 중의 하나는 자신이 진정으로 잘 할 수 있는 일을 발견하지 못한 채 시간과 자신의 재능을 낭비하기 때문이다.

이렇게 자신의 강점을 발견하지 못한 사람들에게는 세상을 살아가는 것이 쉬운 일이 아니다. 그저 막막하고 빡빡할 뿐이다. 하지만 강점을 발견한 사람들에게는 세상을 살아가는 것이 신나는 일로 전환될 수 있다.

강점 경영에 대해서 우리에게 아주 잘 알려진 책인 [강점에 올인하라]에 이런 대목이 나오는데. 이것은 강점을 발견하고, 그것에 집중하는 사람들이 그렇지 못한 사람들보다 얼마나 나은 삶을 살고 있고, 얼마나 나은 자기를 만들어 가고 있는지에 대해 잘 말해 주고 있다.

" 피로나 스트레스는 그 일에 강점을 갖고 있지 않은 사람들에게 자주 찾아옵니다. 의지력만으로 그것을 극복하는 데에는 한계가 있습니다. 그들이 탈진하고 의기소침해지는 것은 시간 문제일 뿐입니다. 언젠가는 "이제 더 이상 버틸 수 없어!"라는 말을 내뱉고 맙니다. 하지만 어떤 일에 진정한 강점을 가진 사람은 쉽게 피로해지지 않습니다. "

그의 말처럼 우리가 강점(strengths)이 무엇인지를 한 번이라도 발견하고, 그 강점을 최대한 살려서 무엇인가를 해 본 적이 있다면 우리는 결코 강점의 위력을 잊지 못하게 될 것이다. 하지만 강점의 맛을 느껴보지 못한 사람들은 항상 대부분의 평범한 사람들이 쉽게 입 밖으로 내뱉듯 이런 말들을 하게 된다.

"세상살이는 말이야 힘들어, 모든 일은 힘들게 마련이고 그것이 당연한 것이야!"

"애초부터 산다는 것은 스트레스를 겪는 일이야!"

하지만 강점을 발견한 소수의 사람은 이런 말을

하지 않는다. 그들은 이상하게도 이런 말들을 하게 된다.

"이 일을 하는 것이 너무 재미있어!"

"이렇게 재미있는 일을 하면서도 돈을 번다는 것이 미안할 정도야!"

"왜, 나는 이렇게 잘 하는 것이지!"

"남들은 왜 저렇게 못 하는 것일까? 이렇게 쉬운 일을 말이야!"

다소 건방진 듯한 말도 있지만, 강점을 가진 자들이 속으로 느낄 수밖에 없는 솔직한 속마음인 것은 확실하다. 니체도 역시 자신의 강점을 발견한 사람이기에 그는 이와 비슷한 말을 했다. 장난기 가득 한 말투로 그는 말한다.

'나는 왜 이렇게 글을 잘 쓰는 것일까!'

강점을 발견한 사람은 누구나 자신의 분야에서 이러한 느낌을 얻게 된다. 그래서 자신이 하고서도 정년 자기가 한 것인지 의심하는 경우가 많은 것이다. 그것은 자신의 실력이라기보다는 자신의 강점의 힘이라고 할 수 있다.

자기 자신만이 가지고 있는 강점을 발견하고 그일을 하는 사람이 성공할 수밖에 없고 그 분야에서 대가가 될 수밖에 없는 이유는 너무나 많다. 강점을 발견한 사람들은 발전 속도가 남다르게 빠를 뿐만 아니라 성장의 한계 수준이 평균을 훨씬 뛰어넘는다.

그뿐만 아니라 자신의 강점 분야의 일을 하게되면 쉽게 지치거나 지루해하지 않는다. 즉 엄청난 재미와 즐거움을 느끼게 된다. 이러한 현상은 자신의 강점 분야를 발견하고 그 일을 하는 사람들이 어쩔 수 없이 대가가 되고 거장이 되고 승자가 될 수밖에 없는 이유를 잘 말해 준다.

예를 들어, 회계에 강점이 있는 사람들은 숫

자를 더하고 빼는 것과 같은 단조로운 일을 몇 시간이고 계속할 수 있을 뿐만 아니라 그것을 하면서 점점 더 그것에 빠져드는 자신을 발견하게 된다. 그래서 서너 시간이 5분처럼 느껴지게 되기도 한다.

만약에 연기에 강점을 가진 사람은 밤샘 연기를 하면서도 남들보다 훨씬 덜 지친다. 그뿐만 아니라 연기가 강점인 사람은 밤새도록 연기를 하면서 더욱더 많은 에너지가 샘솟는 것마저 느끼게 된다.

이것이 강점의 위력인 것이다. 마찬가지로 연기를 타고난 사람들은 카메라 앞에서 열 시간 넘게 연기하고도 그들은 여전히 사람들 앞에서 웃고 떠들 수 있는 에너지가 넘쳐나게 된다. 자신의 강점이 공부인 사람들은 온종일 연구실에서 연구하고 공부를 하면서도 남들보다 훨씬 덜 지칠 뿐만 아니라 그 과정에서 재미와 즐거움을 발견하고, 그 일에 푹 빠지게 된다.

강점을 가진 자들이 성공할 수밖에 없는 이유이다.

강점을 발견하고 그것을 알고 그것을 발휘하는 것은 유익함이 너무나 많다. 또 다른 추가적인 이유는 바로 아무리 시간 경영을 잘한다 해도, 강점의 맛을 느껴 본 사람들과 강점을 가진 사람들과는 시간 경영에서 도저히 게임이 되지 않기 때문이다.

바로 이런 이유에서 성공의 첫걸음은 '강점을 발견하고 그것을 활용하는 것'이라고 할 수 있다. 자기 자신만이 가진 강점을 발견하는 것이 중요한 이유 중의 하나는 그것이 가장 자기 자신다움을 표현할 방법이며, 동시에 자기 자신이 되는 방법이기 때문이다.

" 이 세상에서 가장 중요한 것은 자기 자신이 되는 방법을 아는 것이다."

라고 말한 미셸 드 몽테뉴의 말처럼, 우리가 인생을 살 때 가장 중요한 것은 남들보다 더 큰 성공을 하는 것이 아니라, 자기 자신이 되는 방법을 아는 것이고, 자기 자신의 길을 가는 것이다.

강점을 발견하여 자기 자신만의 길을 가는 사람들은 세상의 고정관념이라는 장벽을 넘어야 하고, 세상 사람들을 사로잡고 있는 기존의 틀을 극복해 내는 데 익숙해 져야 한다. 그것은 강점을 발견한 사람은 이 세상의 기존의 틀을 항상 깨고, 그것을 무시하기 때문이다.

세계적인 디자이너 피에르 가르뎅(Pierre Cardin)이 세계적인 거장이 될 수 있었던 것은 자기만의 길을 당당하게 갈 수 있었기 때문이다. 즉 자기 자신이 되는 방법을 알았기 때문이다. 자기 자신이 되고, 자기 자신만의 길을 간다는 것은 결국 다른 사람의 시선과 비판에 연연하지 않는다는 것을 의미한다.

" 전 다른 사람들에게서 비판을 받는 일에는 이

미 이골이 났습니다.

제가 혁신적인 디자인을 선보일 때마다 사람들은 제가 만신창이가 될 때까지 그 디자인을

헐뜯고 비난합니다. 그런데 그렇게 비난하고 욕하던 사람들도 결국 네가 만든 옷을 입습니다. "

자기 자신만의 강점을 발견하게 되면, 가장 자기 자신 다운 삶을 살아가게 되고, 그렇게 될수록 세상은 곱지 않은 시선으로 볼 수도 있다. 하지만 세상의 비난과 비평이 거세질수록 당신은 더욱더 거장이 되고, 성공하게 된다는 사실을 명심하라.

이 세상이 당신을 건들지 않는다는 것은 당신은 그 어떤 성공도 하지 않고 있다는 말이다. 하지만 여기저기서 당신을 물고 늘어지는 사람들이 많을수록 당신은 엄청난 성공을 하고 있다는 것을 느낄 것이다. 당신이 사회적 통념에서 벗어난 일을 하지 않았는데도 말이다.

그런 점에서 강점을 발견하고, 강점을 발휘하면서 살아가기 위해서는 용기가 필요하다, 그런 점

에서 용기가 없는 사람들이 크게 성공한 경우는 거의 없다. 그리고 그 이유가 바로 여기에도 있는 것이다.

용기가 있는 사람만이 자신의 강점을 발견할 수 있고, 자기 자신의 삶을 주도적으로 살아갈 수 있고, 다른 사람의 삶을 사느라 시간을 낭비하지 않을 수 있다. 강점을 발견하고 그렇게 산다는 것은 스티브 잡스가 '스탠퍼드 대학교' 졸업식에서 했던 연설 중에서 이 대목처럼 산다는 것을 의미한다.

" 다른 사람의 삶을 사느라 시간을 낭비하지 마십시오. 타인의 생각이 결과물에 불과한 도그마에 빠지지 마십시오. 타인의 견해가 여러분 내면의 목소리를 삼키지 못하게 하십시오. 또한, 가장 중요한 것은 가슴과 영감을 따르는 용기를 내는 것입니다. 이미 여러분의 가슴과 영감은 여러분이 되고자 하는 바를 알고 있습니다."

그의 말대로 자신의 가슴과 영감을 따르는 용기

를 내어 자기 자신의 삶을 살아가는 것이 강점을 발견한 사람의 삶인 것이다. 강점을 발견한 사람만이 자기 자신만의 성공지도를 그릴 수 있고, 그 길을 갈 수 있다.

 우리가 우리의 마음에 귀를 기울이고, 가슴과 영감을 따라야 하는 이유는 바로 그곳에 보물과 같은, 당신을 성공으로 이끌어 주는 당신의 강점이 묻혀 있기 때문이다.

　　－ 탁월함을 만드는 것은 재능이 아니라 습관이다.

 ' 탁월한 사람이라서 올바르게 행동하는 것이 아니라, 올바르게 행동하기 때문에 탁월한 사람이 되는 것이다. 현재의 우리는 우리가 반복적으로 하는 행동의 결과이다. 즉, 탁월함은 행동이 아니라 습관이다.'

 고대의 철학자 아리스토텔레스의 이 말처럼 탁

월함을 만드는 것은 그 사람이 탁월한 사람이라서, 혹은 재능이 있는 사람이라서가 아니라, 반복적으로 행하는 행동 즉, 습관이다.

동양의 현자인 공자도 인간에게 있어서 습관이 매우 중요하다는 사실에 대해 다음과 같이 말한 적이 있다.

"공자께서 말씀하셨다. 인간은, 천성은 서로 비슷하지만, 습관에 의해서 완전하게 달라진다."

<논어> '양화 편'에 나오는 이 말의 본보기는 바로 공자 자신이었다는 사실을 또한 우리는 알아야 한다. 공자는 자신도 처음부터 훌륭한 학자가 아니었다고 말한다. 자신도 다른 사람과 비슷했지만, 습관을 통해 도약할 수 있게 되었다는 것이다.

그렇다면 탁월함은 가르칠 수 있는 것인가? 먼저 탁월함을 얻은 이들을 통해서 쉽고 빠르게 배

울 수 있는 것일까? 탁월함을 만드는 것은 습관 뿐이란 말인가?

이러한 질문에 대해 소크라테스는 대답한다. '탁월함은 가르칠 수 없는 것이므로, 스스로 이루어내야만 하는 것' 이라고 말이다.

" 소크라테스: 그런데 교사들도 없고 학생들도 없는 그런 문제는 가르쳐질 수 없는 것이라는데 우리가 동의했지?

메논: 동의했습니다.

소크라테스: 그러면 탁월함의 교사들은 어디에도 없는 것으로 보이지 않는가?

메논: 그렇습니다.

소크라테스: 그런데 교사들이 없다면, 학생들도 없겠지?

메논: 그렇게 보입니다.

소크라테스: 따라서 탁월함은 가르쳐질 수 있는 게 아니겠지? "

플라톤의 <대화편> 중의 하나인 [메논]에 나오

는 이 대화는 탁월함은 가르침이나 배움을 통해서 갖출 수 없는 것이라는 사실에 대해 소크라테스가 못을 박는 대목이다. 결국, 탁월함은 스스로 구하고 얻어내야 한다.

그런 점에서 탁월함을 만들 수 있는 유일한 방법은 스스로 형성하는 습관뿐이다. 그리고 이러한 습관도 자기 생각에서 비롯되어 그것이 행동이 되고, 그 행동이 반복될 때 습관화된다는 것을 우리는 알아야 한다.

그런 점에서 우리가 탁월해지기 위해서 가장 중요한 것은 습관을 형성하는 씨앗이 되는 명확한 생각이라고 할 수 있다.

IBM의 성공 신화의 주인공인 토머스 왓슨(Thomas Watson)은 탁월해지기 위해서는 1분이면 충분하다고 말을 한다. 즉 그는 탁월한 사람이 되는 데 필요한 것은 자기 스스로가 탁월한 존재가 되겠다고 결단하는 것으로 가능하다고 말한다.

" 다른 사람을 앞서지 못하는 탁월하지 않은 행동과 판단을 하지 않겠다고 당장 스스로 약속함으로써 가능하다."

항상 매 순간 엑설런스를 추구해야 한다. 지금 이 순간 추구하지 않는다면 언제 추구할 것인가? 지금 이 순간 탁월함을 향해 한 걸음씩 나아가야 한다. 그래서 습관이 탁월함을 만드는 것이지 재능이 아니다.

심리학과 성공학 분야의 가장 중요한 발견 중의 하나는 당신이 생각하고 느끼고 행동하고 성취하는 모든 것의 95%가 습관의 결과라는 사실이라고 한다. 성공하는 사람은 성공하게 되는 성공의 습관을 지닌 사람이며, 실패하는 사람은 실패하게 되는 실패의 습관을 지닌 사람이다.

습관은 인간이 만들고 형성한다. 하지만 그 만들어진 습관은 그것을 만든 사람을 다시 만들고 형성한다. 그런 점에서 우리는 모두 습관의 주인이면서 종이 되기도 한다. 그래서 우리의 습관이 우리를 평범한 사람으로도 만들 수 있고, 탁월한 사람으로도 만들 수 있다. 그 결과 우리의 미래가 습관에 의해 좌지우지된다고 해도 과언이 아니라고 할 수 있다.

미국의 작가인 오리슨 스웨트 마든은 이러한 사실에 대해 이렇게 말한 적이 있다.

" 습관은 처음 시작될 때 보이지도 않는 얇은 실과 같다. 그러나 습관을 반복할 때마다 실은 두꺼워지며, 우리의 생각과 행동을 꼼짝없이 묶는 거대한 밧줄이 될 때까지 한 가닥씩 보태진다."

우리가 재능이 아무리 뛰어난 상태로 태어난다 해도 우리의 생각과 행동을 꼼짝없이 묶을 수 있는 거대한 밧줄인 습관을 좋지 못한 것으로 만들어 버리면 우리의 재능은 제대로 발휘도 못 하고 사장되어 버린다.

반대로 우리가 평범하게 태어났다고 해도 점점 더 능력 있는 자로, 비범한 자로 만들 수 있는 것은 또한 비범하고 탁월한 습관이다. 그러므로 탁월한 습관을 우리가 만들면, 그 탁월한 습관은 우리를 또한 탁월하게 만든다.

스포츠 분야에서의 탁월한 선수들이나 예술 분야 혹은 다른 분야에서의 거장들이나 대가들은 하나같이 이런 질문을 받는 경우가 있을 것이다.

' 무슨 재미로 사세요?'

그렇다. 어떤 분야에서든 오랫동안 거장이 되고, 대가가 되고, 최고의 선수가 되는 사람들은 모두 탁월한 습관을 지니고 있다. 그런데 탁월한 습관이 의미하는 것은 보통 사람들이 보기에는 재미없고, 화려하지 않고, 너무나 단순하고 소박하고 변함없는 습관이다.

그래서 보통 사람들의 눈에는 너무 재미없는 삶처럼 보이는 것이 이상한 것도 아니다. 하지만 탁월한 사람이 되기 위해서는 숱한 유혹과 함정을 이겨내야 한다. 그것은 자신의 내면에서부터 생겨나는 자만과 안주라는 유혹일 수도 있고, 외면에서부터 생겨나는 여러 가지 함정일 수도 있다.

 이러한 것들이 결코 작거나 미미한 것들이 아니기에 수많은 사람이 반짝스타나 반짝 성공하고 그 자리에 머물거나 몰락하게 되는 것이다. 탁월함을 유지하기 위해서는 이러한 유혹과 함정을 이겨내야 한다.

 이러한 것들을 이겨내기 위해서 가장 큰 힘이 되어 주는 것은 또한 탁월한 습관이라고 할 수 있다. 자기 자신의 사생활을 절제하고, 내면의 유혹이나 자만심을 억제하고, 외부의 인기와 허영심과 같은 함정에 빠지지 않아야 한다.

 성공학의 원조에 해당하는 나폴레온 힐의 [성공의 법칙]에 보면 이런 말이 나온다.

 " 보수보다 많은 일을 하는 습관을 기르게 되면, 남들에게 없는 자신만의 특별한 적성을 계발할 수 있고 기술을 연마할 수 있다. 그에 따라 자신의 가치를 높일 수 있다."

 우리가 습관을 형성하지만, 한번 만들어진 습관
은 우리를 또한 형성한다. 그러므로 보수보다 많
은 일을 하는 습관과 같이 자신에게 주어진 환경
이나 조건을 넘어설 수 있게 해 주는 습관은 남들
에게 없는 좋은 성격과 능력을 계발할 수 있게 해
주고, 그로 인해 자신의 가치를 드높일 수 있게
해 준다.

 바로 이런 점에서 어떤 습관을 지니고 있느냐
에 따라서 우리는 유혹이나 함정을 극복해 낼 수
있는 사람이 되느냐 아니냐를 결정짓게 되는 것
이다. 그러므로 좋은 습관을 지니고 있어야 하며,
또한 우리가 위대한 사람이 되게 하는 것도 습관
이라고 말할 수 있다.

 '사용하지 않으면 잃게 될 것이다.' 라는 오래
된 속담을 기억할 필요가 있다. 좋은 습관이란 우
리가 성공적인 삶을 살고 후회하지 않을 인생을
살기 위해서 가장 필요하고 가장 유익한 행동을

가장 적은 에너지로 매일 반복할 수 있게 해 준다.

그 결과 우리는 좋은 특성과 천성을 형성하고 가질 수 있게 된다. 하지만 좋은 습관을 지니고 있지 않으면 타고난 좋은 천성과 특성도 점점 잃게 되고, 그 힘이 약해지게 되는 것이다.

- 크고 강한 자가 아니라 빠른 자가 이긴다.

" 큰 것이 작은 것을 잡아먹는 것이 아니라 빠른 것이 느린 것을 잡아먹는다."

마이크로소프트사의 창업주인 빌 게이츠는 '1980년대는 질(質)의 시대, 1990년대는 리엔지니어링의 시대, 2000년대는 속도의 시대'가 될 것이라고 오래전에 예견했다. 그런데 그의 예견이 점점 맞아떨어지고 있다.

이제는 큰 것, 큰 기업, 큰 나라가 작은 것, 작은

기업, 작은 나라를 잡아먹는 시대가 아니라, 빠른 혁신을 하는 빠른 기업과 세계정세에 발 빠르게 움직이고 대처해 나갈 수 있는 빠른 나라가 혁신과 변화에 실패하고, 하더라도 느리게 하는 기업과 나라를 위협하는 시대가 되었다.

 빠르다는 것은 급하게 서둘러서 일을 그르친다는 것이 아니라 스마트하게 현명하게 민첩하게 일을 하여 남들보다, 어제보다, 기존의 방식보다 훨씬 더 효과적으로 일을 해내는 것을 의미한다.

 기업 경쟁력의 핵심이 스피드인 이유가 바로 여기에 있다. 이제는 기업의 경쟁력뿐만이 아니라 모든 제품에 있어서 그 제품의 품질을 결정하는 것은 스피드이다. 그 제품을 살지 안 살지 구매를 결정하는 것도 역시 스피드이다.

 광고 마케팅에서 있어서도 스피드가 최고의 차별화이다. LTE Warp 광고를 보면 속도가 얼마나 중요한 기준인지를 알 수 있다.

빠른 자, 빠른 기업이 성공하고 승리하게 된다는 사실을 깨닫기 위해 우리는 멀리 가볼 필요가 없다. 우리나라의 커피 전문점, 대형 마트, 기업들의 성공 사례만 봐도 충분하게 알 수 있다.

왜 세계적인 다국적 기업인 월마트가 한국의 토종 마트인 이마트와 게임이 되지 않는 것일까? 한국에는 엄청난 스피드를 본질적으로 가진 한국인들이 살고 있고, 그 한국인들이 이마트를 만들어 운영하고 있기 때문이다.

우리 한국인들의 스피드와 변화 속도에 엄청나게 큰 공룡 기업들이 도저히 당해내지 못하는 비밀은 속도에 있다고 말할 수 있다. 오죽했으면 인터넷 속도가 세계 1위 국가가 우리나라였겠는가?

과거에는 '빨리빨리'가 한국인들의 고질병이고, 나쁜 것이라고 비판을 많이 받았다. 하지만 지금은 다른 나라에서 그것을 배우기 위해 오고 있고, 벤치마킹하고 있는 시대가 되었다. 하지만 우리나라보다, 우리보다 더 빠른 나라가 과거에 존재했었다.

바로 칭기즈 칸의 제국이었다.

칭기즈 칸이 정복한 지역은 알렉산드로스, 나폴레옹, 히틀러가 점령한 땅을 모두 합친 것보다도 더 넓었다. 과연 그의 비결은 무엇이었을까?

그는 아무것도 배운 것도 없었지만, 몽골을 통일하고 거대한 몽골 제국을 창업할 수 있었다. 그렇게 할 수 있었던 단 한지 비결은 바로 '속도전'이었던 것이다. 빠른 자가 느린 자를 먹는다는 것을 그만큼 잘 보여 주는 사람은 없을 것이다. 칭기즈 칸이 형성한 속도전과 그로 인해 형성된 네트워크는 13세기 이래 600년 동안 따라잡을 사람이 없을 만큼 독보적이고 엄청난 것이었다.

칭기즈 칸의 몽골군의 모든 병제가 기병으

로 이루어져 있다는 사실을 아는가? 그 당시 세계에서 최고로 빠른 부대가 바로 칭기즈 칸이 이끄는 부대라고 할 수 있었다. 승리하는 비즈니스와 인생을 위한 33가지 전략을 담은 로버트 그린(Robert Green)의 [전쟁의 기술(원제: The 33 Strategies of WAR)]이란 책에도 이러한 사실에 대해 잘 설명해 놓고 있다.

" 몽골 기병들은 말 몇 마리를 여분으로 끌고 다니면서 그 말이 지치면 다른 말로 바꾸어 타고 달렸다. 몽골 말은 가볍고 빨랐다. 또한, 몽골 군사들은 보급 마차를 활용하여 편하게 움직였다. 그들은 마차에 음식을 넣고 다니며, 암말의 젖을 짜서 먹고, 말들이 약해지면 말을 죽여 양식으로 삼았다. 그들은 적보다 두 배나 빨리 움직였다. 그들의 활 솜씨 역시 남달랐다. 진격하거나 후퇴하면서도 그들은 능숙하게 활을 쏘아 호라즘 군사에게 치명적인 손상을 입혔다. 멀리 떨어져서도 깃발이나 봉화 등으로 의사소통을 했다. 그들의 기습 공격은 정교하고 조직적이었으며 예측 불허였다." < 출처: 로버트 그린

(Robert Green)의 [전쟁의 기술(원제: The 33 Strategies of WAR)] p. 272 >

스피드가 칭기즈 칸의 최고의 승리 요인이었다.

미래학자 앨빈 토플러(Alvin Tofflor)는 미래의 부를 결정짓는 세 가지 기반으로 지식, 시간, 공간을 들었다. 과거의 진부한 지식, 다른 사람보다 느린 속도, 공간 활용의 부족을 극복해 내는 자만이 미래의 부를 차지할 수 있다고 말했다.

하지만 이 세 가지 중에서 가장 중요한 것은 시간이다. 스피드가 높은 자는 똑같은 시간에 남들보다 두 배의 지식을 얻을 수 있다. 그리고 스피드가 높은 자는 똑같은 시간에 같은 공간을 2배 정도 더 활용하고 이용할 수 있다.

그러므로 지식이나 공간이 충족된다고 해도 스피드에서 시간적인 차이가 나는 것은 분명하다. 똑같은 지식과 공간을 확보하더라도 속도가 2배 차이 나면, 그 효과는 2배가 아니라 4배 혹은 6

배가 될 수도 있고, 시너지 효과까지 고려한다면 열 배 이상이 될 수도 있다.

바로 이런 이유에서 크고 강한 자가 아니라, 빠른 자가 이기게 되는 것이다.

— 기회를 준 만큼, 도전한 만큼 성공한다.

" 기회를 준 만큼, 도전한 만큼 우리는 성공하게 되어 있다."

빅토르 위고는 자신의 소설 [레 미제라블]에서 장발장을 통해 이런 말을 했다.

"죽는 것은 아무것도 아니다. 정말 무서운 것은 결코 살아보지 못하는 것이다."

우리가 두려워해야 할 것은 결코 살아보지 못한 채 살아가고 있다고 자신을 기만하는 삶이다.
진정한 삶이란 뼛속까지 느끼며 살아가는 삶이

다. 뼛속까지 느끼면 살아간다는 것은 어떤 삶일까?

그것은 자기 자신에게 기회를 주는 삶이고, 기회를 준다는 것은 도전하며 자신의 삶을 살아간다는 말일 것이다.

실패하는 것은 정말 두려운 것이 아니다. 정말 우리가 두려워해야 하는 것은 뼛속까지 살아보지 못하는 것이고, 자기 자신에게 기회를 주지 못 한 채 평생 껍데기와 같은 헛된 삶을 살아가는 것이다.

"인간은 결국 자기 그릇에 걸맞은 인생밖에 걸을 수 없다."

실존철학자 사르트르의 이 말은 우리가 인생을 바꾸기 위해서는 우리의 그릇을 바꾸어야 한다는 의미를 내포하고 있다. 자기 그릇을 키우거나 줄일 수 있는 사람은 이 세상에서 당신뿐이다. 이것은 부모도 선생도 해 주지 못 한다.

자기 그릇을 키우기 위해 우리가 할 수 있는 것들 중의 하나가 자기 자신에게 더 많은 기회를 스스로 주는 것이고, 다양한 도전을 하는 것이다.

우리는 우리 자신에게 실패할 권리를 주어야 하고, 방황할 권리를 주어야 하고, 마음껏 도전할 권리를 스스로 주어야 한다.

실패하지 않았다는 것은 아무것도 시도하지 않았다는 것이거나, 자기 자신을 뛰어넘을 수 있는 그 어떤 위험한 도전도 한 번도 하지 않았다는 것을 의미한다.

방황을 한 번도 하지 않았다는 것은 지금까지 모든 선택을 이미 누군가가 결정하고, 이미 그것을 그 누군가가 검증하여 큰 문제가 발생하지 않은 것만을 선택하며 살았다는 것을 의미하거나 그 어떤 욕망도 없다는 것을 의미한다.

그런 점에서 실패를 많이 한 사람이 더 나은 인생을 살았다고 할 수 있고, 방황을 많이 한 사람이 더 의욕적인 삶과 자신만의 삶을 주도적으로 살았다고 말할 수 있다. 스스로 기회를 많이 주는 삶은 바로 이러한 삶이라고 할 수 있다.

우리가 잊어서는 안 되는 것은 그런 삶을 사는 사람들은 그렇게 기회를 준 만큼 성장하고 도약하게 된다는 것이다. 그리고 이러한 삶은 10년 후에 후회하지 않는 내 인생을 맞이하고 준비할 수 있는 삶이다.

힘들고 두렵고 위험천만한 것이 도전이다. 하지만 이러한 도전다운 도전은 우리의 삶에 활기를 불어넣어 주고, 권태감을 사라지게 하고, 낮은 자아존중감에서 벗어나게 하고, 무기력에서 탈출할 수 있게 해 준다.

그런 점에서 진정한 도전은 예전에 한 번도 해본 적이 없는 것에 대한 도전이어야 하고, 자기 자신이 가진 능력이나 지식을 뛰어넘는 것이어야 하고, 자기 자신을 흥분하게 하고 가슴 설레게 할 수 있어야 하고, 자신의 호기심과 본능과 감성을 충분히 자극할 수 있어야 한다.

자기 자신에게 이러한 도전다운 도전을 많이 하게 허락해 준 사람은 끊임없이 목표를 추구하고, 전진해 나간다는 것이 얼마나 즐거운 것이며, 삶에 활력이 되는지를 잘 알고 있는 사람이다.

도전하면 할수록 인생을 헛되이 낭비하지 않을 수 있다. 실패하면 할수록 인생을 낭비한 것이 아니라 한 번도 실패하지 않은 사람이야 말고 참된 도전을 통해 자신의 가치와 인생을 드높이는 기회를 스스로 한 번도 주지 않음으로써 인생을 낭비한 사람이라고 할 수 있다.

자기 인생에 가장 큰 선물은 스스로 기회를 많이 주는 삶이다. 스스로 기회를 많이 주는 삶은 자신을 넘어설 수 있는 도전을 많이 하는 사람이다. 그런 사람은 절대로 후회하지 않는 삶을 살아갈 수 있는 사람이다.

성공에는 분명한 이유가 있다. 이 세상이 운칠기삼이라고 해도, 그 운조차 우리의 행동과 노력으로 생겨난다. 그러므로 10년 동안의 시간 동안 실행력과 결단력을 통해 실천하고 행동하는 노력과 가슴 설레고 피를 끓게 하는 크고 담대하고 위험한 목표를 가지고 꾸준히 한 걸음씩 나아간다면 당신은 절대로 후회하지 않는 삶을 살아갈 수 있게 될 것이다.

이러한 삶을 스스로 부여하는 삶을 살아야 한다. 그것이 기회를 주는 삶이다. 성공에 분명한 법칙이 있다고 한다면 그것은 기회를 준 만큼, 도전한 만큼 성공하게 된다는 것이다.

이제 우리는 스스로 많은 기회를 주는 삶을 살아가도록 해야 한다. 그것이 인생을 낭비하지 않고, 헛되이 살지 않고, 제대로 살아가는 유일한 길이기 때문이다.

프롤로그 _ 일분일초도 절대로 헛되이 살지 않으리라.

" 나는 가끔 후회한다.
그때 그 일이
노다지였을지도 모르는데…….
그때 그 사람이
그때 그 물건이
노다지였을지도 모르는데…….
더 열심히 파고들고
더 열심히 말을 걸고
더 열심히 사랑할걸…….

반벙어리처럼
귀머거리처럼
보내지는 않았는가,
우두커니처럼…….
더 열심히 그 순간을 사랑할 것을…….

모든 순간이 다

꽃봉오리인 것을
내 열심에 따라 피어날
꽃봉오리인 것을! "

정현종 님의 ' 모든 순간이 꽃봉오리인 것을'
이란 제목의 시이다.

10년 후회하지 않을 내 인생을 살고자 하는 사
람들은 바로 이 시를 항상 마음에 간직하며 살아
야 한다. 우리가 스쳐 지나가는, 무심코 흘려보내
는 지금 이 순간, 오늘 하루, 우리가 아무렇지도
않게 애기를 나누고 인사를 나누는 바로 그 사람,
이 모든 것들이 우리에게 노다지일 수 있기 때문
이다.

그리고 그러한 것들이 노다지가 아니더라도 우
리는 하루하루를 최선을 다해 살아야 하는 이유
는 그러한 사소한 것들이 모이고 쌓여서 노다지
가 된다는 사실 때문이다. 그런 점에서 우리는 일
분일초도 헛되이 보내서는 안 된다.

자기 인생에서 성공하는 사람들의 가장 큰 특징은 일분일초도 헛되이 보내지 않고 꾸준히 공부하고, 일하고, 운동하고, 휴식을 취했다는 것이다.

휴식과 운동은 게으른 것이 아니다. 오히려 공부와 일의 연장선에 있다. 주위를 살펴보면, 공부를 열심히 하고 일을 열심히 하는 사람들의 경우 운동과 휴식을 더 열심히 하고 더 적극적이다.

반면에 공부나 독서, 자기 일을 열심히 하지 않은 사람들, 대충 적당히 살아가고 있는 사람들은 오히려 시간이 상대적으로 많이 남아돌지만, 운동이나 제대로 된 휴식에는 덜 열심인 것을 볼 수 있다.

그렇게 적당히 살아가고 적당히 일하는 사람들은 대부분 많은 시간을 TV 앞에서 리모컨을 들고 많은 저녁 시간, 주말 시간을 보낸다는 특징이 있다. 이런 사람들은 10년 후에 대부분 후회하게 된다. 그러면서도 자신은 열심히 살았는데 왜 세상이 이 모양이냐고 불평을 하면서 원망을 한다.

하지만 10년 후에 후회하지 않고 눈부신 삶을 맞이하는 사람들은 후회하는 사람들이 TV 앞에서 매일 저녁 시간을 헛되이 낭비하고 있을 때, 도서관에서, 직장에서, 학교에서, 혹은 서재에서 공부하고, 독서를 하고, 일하고, 운동했던 사람들이다.

10년 후에 후회하지 않는 인생을 살아가는 사람들은 모두 하루를 48시간처럼 사용하는 경향이 있다. 하지만 10년 후에 후회하는 인생을 살아가는 사람들은 하루를 12시간 혹은 6시간처럼 사용하는 경향이 있다.

바로 이런 차이에서 후회 없이 사는 사람들과 그렇지 못한 사람들이 갈리는 것이다. 10년 후에 후회하지 않는 내 인생을 살고자 하는 사람들은 지금 이 순간을 완전하게 살아야 한다. 지금 이 순간 자신이 해야 할 일을 명확하게 인식하고 그 일을 해 나갈 수 있는 그런 사람이 되어야 한다.

인생 성공의 핵심은 자기 경영이고, 자기 경영의 핵심은 시간 경영에 있다고 해도 과언이 아니다. 다른 모든 열정과 목표와 습관은 시간 경영에 성공하는 데 필요한 것들이라고 말해도 과언이 아닐 것이다.

시간을 철저하게, 잘 활용하며 시간 경영에 성공하는 사람들은 열정이 있을 수밖에 없고, 목표와 습관이 남들보다 훨씬 더 뛰어날 수밖에 없다. 그리고 열정이 있는 사람, 목표가 확고하게 있고, 좋은 습관을 지닌 사람들은 또한 시간 경영의 달인일 수밖에 없다.

서로 영향을 주고, 서로 이끌어 올라가서 최고의 자리에 오르게 되는 것은, 10년 후, 아니 20년 후에도 후회하지 않는 인생을 살게 되는 것은 바로 여러 가지 요소들이 통합적으로 작용하여 시너지 효과가 발생하고, 동반상승이 이루어지기 때문에 성공하는 사람들은 더욱더 성공하고 실패하는 사람들은 바로 그러한 요소들이 부족하기에 더욱더 실패하게 되는 것이다.

판권

종이책 : 값 27000 원

초판 인쇄: 2025년 5월 20일
초판 발행: 2025년 5월 20일

지은이: 김병완
발행인: (주)플랫폼연구소

출판등록: 제 2020-000075호

전화: 010-3920-6036 / 02-556-6036
이메일: pflab2020@naver.com

주소 : 서울시 강남구 삼성동 152-59 정목빌딩 3층

ISBN 979-11-91396-33-1